插图
升级版

受 益 一 生 的

鬼谷子智慧

宋犀堃 —— 编著

扫码收听全套图书

扫码点目录听本书

四川人民出版社

图书在版编目(CIP)数据

受益一生的鬼谷子智慧 / 宋犀堃编著.—成都：四川人民出版社，2020.4(2020.9 重印)

ISBN 978 - 7 - 220 - 11836 - 4

Ⅰ.①受… Ⅱ.①宋… Ⅲ.①纵横家②《鬼谷子》- 研究 Ⅳ.①B228.05

中国版本图书馆 CIP 数据核字(2020)第 055527 号

SHOUYI YISHENG DE GUIGUZI ZHIHUI

受益一生的鬼谷子智慧

宋犀堃/编著

责任编辑	段瑞清
技术设计	松 雪
封面设计	松 雪
责任印制	李 剑
出版发行	四川人民出版社(成都市槐树街2号)
网　　址	http://www.scpph.com
E - mail	scrmcbs@ sina.com
新浪微博	@ 四川人民出版社
微信公众号	四川人民出版社
发行部业务电话	(028)86259624 86259454
防盗版举报电话	(028)86259624
印　　刷	三河市众誉天成印务有限公司
成品尺寸	143mm×208mm
印　　张	6
字　　数	136 千
版　　次	2020 年 4 月第 1 版
印　　次	2020 年 9 月第 3 次
书　　号	ISBN 978 - 7 - 220 - 11836 - 4
定　　价	36.00 元

前言

在风起云涌、征战不休的春秋战国时期，诸子百家众说纷纭，士人谋臣各为其主，纷纷寻求机会登上政治舞台。他们积极推销自己的主张、策略，将中国古代的政治、军事、外交、经济智慧发挥到了极致。也正是在这样一个时代背景下，诞生了被称为"纵横家的鼻祖"的鬼谷子以及他享有"旷世奇书"之称的《鬼谷子》。

《鬼谷子》是一部由鬼谷子讲授，经后人补充、修改而成的集纵横家、兵家、道家、阴阳家等思想于一体的政治、军事、外交理论著作。从其主要内容来看，是针对谈判游说活动而言的，但由于其中涉及大量谋略问题，与军事问题触类旁通，也被称为兵书。

《鬼谷子》共有十四篇，其中《转丸篇》《胠乱篇》两篇现已失传，存世的仅有十二篇。书中以《捭阖篇》开篇，以纵横捭阖之术为总起；接着通过《反应篇》《内揵篇》《抵巇篇》《飞钳篇》《忤合篇》五篇，多角度、多层次地阐明了纵横家的政治态度和辩证法思想，并且详尽阐述了游说人主所必备的言谈技巧；再用《揣篇》《摩篇》《权篇》《谋篇》四篇，从思维方式到行为手段，引导人们依据彼时彼地的具体条件设法靠拢和接近目的；最后用《决篇》讲决断，用《符言篇》丰富和深化上述内容。

本书再现了《鬼谷子》中的经典原文，对其中深奥艰涩的文字进行了注释和通俗翻译，让大家能够领略一代谋略大师的高深智慧。与此同时，本书还从现实出发，对《鬼谷子》进行了深入浅出的智慧评析，并佐之以古代的谋略典故，帮助大家活学活用《鬼谷子》的智慧精华和谋略精髓。

当今世界，充满了激烈、复杂的竞争。一条妙计，可以赢得一场战争；一个点子，可以振兴一家企业；一计良策，可以成就一番事业；一番"心机"，可以化险为夷、反败为胜。由此来看，倚重智谋，用心、斗智、出奇、弄巧是现代竞争不得不用的手段，这样才能在现实生活中纵横捭阖，游刃有余。

德国史学家、社会政治学家施宾格勒曾高度评价鬼谷子的智谋，并强调它在当今社会中的借鉴意义，他的观点受到了基辛格这位被称为当代纵横家的美国前国务卿的高度称赞；日本学者大桥武夫运用《鬼谷子》的谋略思想，结合个人工作经验，阐述了鬼谷子智谋在现代竞争中的应用价值。今天，《鬼谷子》越来越受到人们的重视，它正在被广泛应用于商业竞争、企业管理、产品推销、广告宣传、招揽人才、言谈辩论等方方面面的各种活动。

2020 年 2 月

扫码点目录听本书

目　录

捭阖篇

扫码收听全套图书

扫码点目录听本书

捭阖篇

　　"捭阖"是《鬼谷子》的开篇。在本篇中，鬼谷子洋洋洒洒，反复铺陈，证明"捭阖之术"是世间万物的根本道理，也是解决一切矛盾的钥匙。"捭"意为开启，"阖"意为闭藏。在鬼谷子的思想体系中，"捭阖"是一对极为重要的哲学概念，既是万事万物发展变化的规律，也是纵横家游说活动的根本方法。通过游说中的应对、较量最后达到"乃可以纵，乃可以横"，而无敌于天下。这些靠游说、靠言辞平天下的人被称为"纵横家"。鬼谷子先生主张谋之于阴，成之于阳，也就是说在暗中、在不知不觉中已经以实力战胜了对手。

捭阖之术，是世间万物的根本道理，是解决一切矛盾的钥匙。

阴阳相济　刚柔相间

阳

阴

高与大，均为阳，应该用崇高的语言去说服君子。

下与小，均为阴，应该用卑下的语言打动小人。

游说诸侯　操纵局势

捭阖之道

捭

阖

让对方开口说话

让对方闭口沉默

纵横捭阖　说动天下

粤若稽古，圣人之在天地间也。为众生之先，观阴阳之开阖以命物，知存亡之门户，筹策万类之终始，达人心之理，见变化之朕焉，而守司其门户。故圣人之在天下也，自古之今，其道一也。变化无穷，各有所归。或阴或阳，或柔或刚，或开或闭，或弛或张。是故圣人一守司其门户，审察其所先后，度权量能，校其伎巧短长。

夫贤、不肖、智、愚、勇、怯、仁、义，有差，乃可捭，乃可阖；乃可进，乃可退；乃可贱，乃可贵：无为以牧之。审定有无，与其实虚，随其嗜欲以见其志意。微排其所言，而捭反之，以求其实，贵得其指，阖而捭之，以求其利。或开而示之，或阖而闭之。开而示之者，同其情也；阖而闭之者，异其诚也。可与不可，审明其计谋，以原其同异。离合有守，先从其志。

即欲捭之，贵周；即欲阖之，贵密。周密之贵微，而与道相追。捭之者，料其情也；阖之者，结其诚也。皆见其权衡轻重，乃为之度数，圣人因而为之虑。其不中权衡度数，圣人因而自为之虑。故捭者，或捭而出之，或捭而纳之；阖者，或阖而取之，或阖而去之。捭阖者，天地之道。捭阖者，以变动阴阳，四时开闭，以化万物。纵横、反出、反覆、反忤必由此矣。

捭阖者，道之大化，说之变也；必豫审其变化。口者，心之门户也；心者，神之主也。志意、喜欲、思虑、智谋，皆由门户出入，故关之以捭阖，制之以出入。捭之者，开也、言也、阳也；阖之者，闭也、默也、阴也。阴阳其和，终始其义。故言长生、安乐、富贵、尊荣、显名、爱好、财利、得意、喜欲为阳，曰"始"。故言死亡，忧患、贫贱、苦辱、弃损、亡利、失意、有害、刑戮、诛罚为阴，曰"终"。诸言法阳之类者，皆曰"始"，言善以始其事；诸言法阴之类者，皆曰"终"，言恶以终其谋。

捭阖之道，以阴阳试之。故与阳言者，依崇高；与阴言者，依卑小。以下求小，以高求大。由此言之，无所不出，无所不入，无所不可。可以说人，可以说家，可以说国，可以说天下。为小无内，为大无外。益损、去就、倍反，皆以阴阳御其事。阳动而行，阴止而藏；阳动而出，阴随而入。

阳还终始，阴极反阳。以阳动者，德相生也；以阴静者，形相成也。以阳求阴，苞以德也；以阴结阳，施以力也；阴阳相求，由捭阖也。此天地阴阳之道，而说人之法也，为万事之先，是谓"圆方之门户"。

【通俗译文】

纵观从古至今的历史，可以知道，圣人生活在世界上，就是要成为众人的先导。通过观察阴阳的开合变化来对事物做出判断，并进一步了解事物生存和死亡的途径，计算和预测事物的发展过程，通晓人们思想变化的规律，揭示事物变化的征兆，从而把握事物发展变化的关键所在。所以，圣人在世界上始终是奉守大自然阴阳之道的变化规律，并以此驾驭万物的。然而事物是变化无穷的，各有不同的归宿。有的阴，有的阳；有的柔，有的刚；有的开放，有的闭合；有的松弛，有的紧张。因此，圣人专一地掌握住关键，周密地考察事物的先后顺序，衡量人们的权谋和才能的优劣，比较技艺的短长。

贤能和不贤，聪明和愚蠢，勇敢和怯弱，慈爱与坚持原则，是有差别的，应该区别对待。有的要放手使用，有的要拒绝不用；有的提拔，有的斥退；有的可以轻贱，有的可以推崇。要顺应自然之道对待他们。如果要重用某人时，便要周详地判断他有没有才能，为人是真诚还是虚假，根据他的嗜好来发现他的志向、思想。再试探性地驳斥他的言论，让他反复阐明自己的见解，从而探寻对方的真实情况，注重于了解他的志向主张。如果对方闭口不说，要想办法使他开口，以了解他追求什么利益。然后，或者开口向对方展示自己的想法，或者表示沉默，以进一步试探对方。向对方展示自己的想法，用赞同的办法使双方思想相合；向对方表示沉默，用反对的办法来试探对方的诚意。对方赞同或者不赞同，一定要审察清楚他的计谋，考察双方意见同异的根源。意见背离或者相合，有一个根本点要守住，即首先抓住对方的思想。

　　如果想开启发动，以周详为贵，不可草率；如果想闭合不动，以隐秘为贵，不可泄露。周详和隐秘的可贵，在于它们的微妙，并与自然之道相合。开启发动，是为了探测对方的虚实真假；闭合不动，是为了争取对方的真诚合作。首先全部了解他对事物重要与否的判断，再确定处理标准，并对他的意见进行思考谋划。如果对方的意见不符合要求，就要针对情况自己另行考虑。所以说，开启发动之后，对适合的计谋要付诸实施，对不适合的计谋要收藏不用；闭合观察之后，了解到对方有诚意便争取他，了解到对方无诚意便离开他。总之，开启和闭合是与自然之道相符合的办法。天地通过开启和闭合，使阴阳二气发生变化，使四季交替运行，万物孕育生长。游说中的纵横变化，对道理的反复阐述，都必定通过开启与闭合的途径。

开启与闭合，是自然之道的最重要的变化，也是游说之辞的主要变化。一定要预先周详地研究开合变化的方法。口是心的门户，心是精神的主宰。人们的志向、欲望、思想、智谋等，都通过口这座门户说出来。所以，要用开启和闭合的变化来控制思想的表达。所谓"捭"，便是开启，便是说话，便是阳；所谓"阖"，便是闭合，便是沉默，便是阴。说话要阴阳协调，始终适宜。讲长生、安乐、富贵、尊荣、扬名、宠爱、财利、得意，这便是"阳"，这便叫"始"；讲死亡、忧患、贫贱、困苦、受辱、抛弃、失利、失意、有害、受刑、被罚，这便是"阴"，这便叫"终"。各种言论属于阳一类的，都叫作始，它从正面宣传利益好处，从而使事情有一个好的开端；各种言论属于阴一类的，都叫作终，它从反面宣传危害坏处，从而结束不适当的谋略。

开启和闭合的方法，要从阴阳两个方面试探。跟性情阳刚、积极进取的人说话，内容要高远积极；跟性情阴柔、消极退守的人说话，内容要微小切近。用低下的言论来适应志向微小的人，用高昂的言论来适应志向远大的人。根据这个办法游说，没有什么地方不能出入，没有什么对象不能说服。可以游说普通人，可以游说大夫，可以游说诸侯各国，可以游说天下。从小的方面入手，可以是小得不能再小；从大的方面着眼，可以是大得不能再大。增加或减少，离开或接近，背离或返回，都用阴阳开合之道来控制。阳，活动前进；阴，静止隐藏。阳，活动外出；阴，隐藏入内。

阳反复运动，转化为阴；阴发展到极点，转化为阳。凭阳气活动的人，要用道德相互促进感化；凭阴气静止的人，要用可见的行动相互帮助成功。从阳的方面去追求阴，要用德行去包容对方；从阴的方面去接近阳，要尽力气去办事。阴阳相互追求，相互结合，必须通过开启与闭合的途径。这便是天地间的阴阳之道，也是游说别人的方法。它是办好万事的先决条件，也是方正、圆融等各种手段变化的途径。

【谋略精要】

1. 观阴阳之开阖，知存亡之门户

在鬼谷子看来，圣人之所以为圣人，最根本的就是要"守司其门户"。用现代话来说，就是顺应时代发展的潮流，遵循天下兴亡之道。

按照中国人的传统思维，一说起"兴亡之道"，往往要从夏、商、周这"老三代"中去寻找。这是什么缘故呢？一个合理的解释是，在商代夏、周代商的过程中，后世所倚重的谋略尚未取得足以决定胜负的地位。不仅如此，儒、道、法、阴阳等诸子百家的思想也通通不存在，人们的社会政治思想还是混沌一片。在这样一个时代里，"兴亡之道"就显得很纯粹，纯粹到可用简单的"天命"来概括。无论是君还是民，都十分相信"天命"的说法，认为它决定着天下兴亡。即便是夏桀和商纣这样的暴君，也都自诩天命所归。

商汤征伐夏桀之前，曾做了一篇"汤誓"，以鼓舞军队的士气。这篇短文后来收录在《尚书》一书中。在文中，商汤说："来吧！你们各位，都来听我说。不是我敢于贸然进攻夏朝！实在是因为夏王犯下大罪，上天命令我去讨伐他。现在你们大

家会说：'我们的国君不体贴我们，不让我们种庄稼，却去攻打夏王？'这样的话我早就听过，实在是因为夏王犯下大罪，上天命令我去讨伐他。夏王剥削他的人民，大家都说：'这个太阳什么时候才能落下？我们宁可和你一起灭亡。'夏桀的德行败坏到这种程度，现在我一定要去讨伐他。"

果然，商汤打败了人民恨不得与其同归于尽的夏桀，建立了商朝。商朝末年，王位落到了纣王的手中，政治黑暗，民不聊生，而西边的周族逐渐兴起，在周文王的领导下，实力已足以与商相抗衡。然而，深通易理的文王没有贸然兴兵东进，而是对内施以仁政，对外剪除商纣王的帮凶，同时扩大自己的势力范围。武王即位后，认为伐商的准备工作尚未完成，仍然韬光养晦，耐心地等待时机。据司马迁在《史记·周本纪》中所说，武王曾率兵东进至孟津，天下诸侯纷纷响应，但武王认为商朝气数未尽，于是果断退兵。在吕尚等一班贤臣良将的辅佐之下，周族的实力得以迅速增长。与此同时，商朝统治集团内部的矛盾却呈现白热化，商纣王饰过拒谏，肆意胡为，残杀王族重臣比干，囚禁箕子，逼走微子。武王、吕尚等人遂把握这一有利战机，决定大举伐纣，经过牧野之战，一役而胜，结束了商朝的统治。

商汤伐桀开武力改朝换代之先河，武王伐纣则充分展现了韬光养晦的制敌之道，在中国古代政治、军事史上，两者都具有开创性的意义。当后世的英雄豪杰或野心家们企图推翻一个政权的时候，也都标榜自己是在行"汤武之事"。然而由于不同的动机和方式，往往产生不同的结果。

在四分五裂的五代末期，宋太祖赵匡胤稳定内部之后，立即出兵统一全国。此时的南唐后主李煜纵情诗酒，沉溺声色，疏于政务，对战争及国家大事一窍不通，轻易中了赵匡胤的反间计，杀害了自己能征善战的大将林仁肇和忠臣潘佑，以致在宋军压境之时束手无策，最后只好光着身子自缚请降。

李煜是一位精于诗词、音乐和书画的聪明皇帝，但由于不懂得"兴亡之道"，酿成了国破家亡的惨剧。纵观整个中国历史，凡不懂得"兴亡之道"，做出违背历史潮流之事的人，不管他们有多大的权势和地位，最终都不会有好下场。

近代，孙中山先生领导辛亥革命，推翻了在中国延续两千多年的封建帝制，但胜利的果实最终被袁世凯篡夺。袁世凯表面上支持革命，其实是别有用心。等他一朝大权在握，就不顾革命派的一致反对，大搞复辟帝制的活动，结果仅仅当了83天的皇帝，就在举国上下的唾骂声中被迫下台，最后抑郁而死。

从上述例子可以看出，所谓的"兴亡之道"，一是历史的大势，二是领袖的贤愚，三是民心的向背，这三点直接决定着战争以及一切事业的成败。

在现代商业领域，同样也要遵循兴亡之道。一个企业，如果能顺应时代发展的需要，立足于服务社会，坚持自己的品牌战略，并由一个卓越的领袖带领，就大有可能迈向辉煌。以电脑软件业巨头微软公司为例，该公司引领全球信息化的浪潮，倾力发展小型家用电脑，给人们的生产和生活带来了巨大便利。至于这艘商业巨轮的舵手比尔·盖茨，即便除去"前世界首富"的炫目光环，我们依然能感受到他那份难得的执着与睿智。在一次接受《金融时报》采访时，比尔·盖茨诚恳地说："我有过额废和虚怯。微软公司在起飞过程中遇到的困难和阻力一次比一次大，从技术难关、竞争对手的围攻到政府的指控，如果我不是最终以勇气和毅力战胜颓废和虚怯，把难关变成发展的机会，恐怕早就被市场竞争的浪潮淹没了。"

纵观古今，可知圣人通过观察阴阳两类现象的变化来对事物做出判断，并进一步了解事物生存和灭亡的途径。计算和预测事物的发展过程，通晓人们思想变化的规律，揭示事物变化的征兆，从而把握事物发展变化的关键，顺势而为，就能克敌制胜。今天的我们，若能学习古时圣人之法，并将其正确地运用于各类所做之事中，定能使自己不断走向成功。

2. 或阴或阳，或柔或刚

"或阴或阳，或柔或刚，或开或闭，或弛或张"是说世间万事万物，都有阴阳、柔刚、开闭、张弛之道，如果能够灵活掌握、运用自如，便可以在人生的各个领域轻松自如、有所成就。

阴阳之理、刚柔之术、张弛之道对我们的现实人生颇具指导意义。

阴阳协调、风雨调顺、万物各得其所、万事各得其宜是一种顺其自然、合乎自然规律的理想状态。阴阳互补、协调运行，人才能健康，社会才能稳定，大自然才能和谐，做事才能顺利，做人才能安乐。

天人和谐是一种理想的状态。人生活在天地之间，如何才能体现出人在天地间的固有价值呢？如何才能求得人与天地万物的和谐相处与和谐发展呢？这是每一个人都必须思考的人生问题。阴阳之道提倡人与自然的和谐关系，人不但要利用、改造自然，更重要的是适应、协调自然，从而达到与自然环境和谐相处的目的。这是阴阳之道在人与自然关系上的意义所在。

阴阳作为权术，在敌我对垒和斗争中则是克敌制胜的智慧和法宝，但它绝不是"放诸四海而皆准"的真理，所谓"上山不怕伤人虎，只怕人情两面刀"，在生活中不管是交朋友、谈感情还是谈生意、求合作，都应该以真诚为基本前提，而不能做"阴阳双面人"甚至阳奉阴违，否则，就可能失去朋友、真情、信誉、合作和发展的机会。总之，阴阳之术只是一种应对敌人的策略和手段，用之不当，则会适得其反。

刚柔之术是一个人生存和发展的必备武器。刚，是一个人刚直不阿、坚守自我立场、把持自我原则，即为"方"，但一味地刚，则难免变成脆，脆，则易断，所以不足取；柔，就是要在不失大原则的前提下，在细枝末节和一些技巧上适时、适度地让步、弯曲，以达到双方满意、不失和气的双赢状态，即为"圆"，但一味地柔，则难免变成软，软则弱，易受人欺，所以亦不足取。在人生道路上，只有刚柔并济、外圆内方，才能顺利而快捷地达到目标，走向成功。

所谓"文武之道，一张一弛"，无论做任何事，都要张弛有度。一个懂生活、会生活的人，能够兼顾严肃和活泼，该工作的时候工作，该休息的时候休息，潇洒自如。一味地张，就会让自己绷得过紧，往往会导致自己失去弹性和张力；一味地弛，往往会让自己变得松垮、懒散，失去进取心和斗志，进而停步不前。所以，凡事有度、过犹不及。成功的时候不要得意忘形，以免乐极生悲；失败的时候不要灰心绝望、萎靡不振，只要坚持就能峰回路转、柳暗花明。人生之中，任何事情都要保持一个平衡，包括张弛有度的工作和生活。

3.乃可捭，乃可阖

"夫贤、不肖，智、愚、勇、怯、仁、义，有差，乃可捭，乃可阖；乃可进，乃可退；乃可贱，乃可贵：无为以牧之。审定有无，与其实虚，随其嗜欲以见其志意。微排其所言，而捭反之，以求其实，贵得其指。"从这段话中可以看出，鬼谷子认为，世间之人，有贤良与不肖，有聪明与愚蠢，有勇敢者与怯懦者，有仁人君子，也有苟且小人，总之是有差别的，因而针对不同的人品的态度和方法也就彼此不同。对于贤德之人可以迎为上宾，对于不肖之人可以拒之门外；对于聪明之人可以引进重用，对于愚蠢之人可以废黜斥退；对于怯懦之人可以使其卑贱，对于勇敢之人可以使其尊贵。总之一句话，要顺应人的自然本性，遵循无为而治的原则加以控驭和掌握，可使人尽其才。鬼谷子还告诉我们：用人之道，贵在识人，利用捭阖之术让对方开启，使对方无所顾忌、侃侃而谈，使我们能够更多地掌握对方的情况，并以此来决定取舍。

鬼谷子与历代圣贤一样，都认为用人应该任人唯贤，《尚书》有云："任官惟贤才。"孔子在回答仲弓问政时也说"举贤才"。

《吕氏春秋》和《左传》中都记载有这样一个故事：

春秋时期晋国大夫祁奚请求退职，晋悼公要他推荐一个有才能的人继任，他推荐了与他有私仇的解狐。解狐上任不久便死去，悼公又要他推荐，他又推荐了自己的儿子祁午。

孔子、韩非子等先贤以及后人都称赞祁奚是个"外举不避仇，内举不避亲"的唯才是举者。这种外不避仇、内不避亲正是任人唯贤的要求和体现。

《大学衍义补辑要》中说："欲得良将而用之，必不以远而遗，不以贱而弃，不以仇而疏，不以罪而废。"意思是说，要想得到良将而任用他，就必须做到不因为关系不密切而遗忘他，不因为出身低贱而抛弃他，不因为有私人怨恨而疏远他，不因为其曾犯过错误而废弃他。春秋时期齐桓公任用管仲就是一个最好的例证。

春秋时期齐国国君齐襄公被杀。襄公有两个弟弟，一个叫公子纠，当时在鲁国(都城在今山东曲阜)；一个叫公子小白，当时在莒国(都城在今山东莒县)。两个人身边都有个师傅，公子纠的师傅叫管仲，公子小白的师傅叫鲍叔牙。两个公子听到齐襄公被杀的消息，都急着要回齐国争夺君位。

在公子小白回齐国的路上，管仲早就派好人马拦截他。管仲拈弓搭箭，对准公子小白射去。只见公子小白大叫一声，倒在车里。

管仲以为公子小白已经死了，就不慌不忙护送公子纠回到齐国去。怎知公子小白是诈死，等到公子纠和管仲进入齐国国境，公子小白和鲍叔牙早已抄小道抢先回到了国都临淄，公子小白当上了齐国国君，即齐桓公。

齐桓公即位以后，立即要求鲁国杀公子纠，并把管仲送回齐国治罪。管仲被关在囚车里送到齐国。鲍叔牙立即向齐桓公推荐管仲。齐桓公气愤地说："管仲拿箭射我，要我的命，我还能用他吗？"鲍叔牙说："那时他是公子纠的师傅，他用箭射您，正是他对公子纠的忠心。论本领，他比我强得多。主公如果要干一番大事业，管仲可是个用得着的人。"齐桓公也是个豁达、大度之人，听了鲍叔牙的话，不但没治管仲的罪，还立刻任命他为相，让他管理国政。

管仲帮着齐桓公整顿内政，开发富源，大开铁矿，多制农具，齐国变得越来越富强。后来，齐桓公终于成了春秋时期的霸主。

可以说没有管仲全面和淋漓尽致地发挥其才能，也就不会有齐国的繁荣和齐桓公的霸业。齐桓公大胆起用管仲这个"大仇人"，结果"仇人"帮他缔造了盛世江山。类似的事例历史上有很多，例如：唐太宗李世民不计前嫌任用魏徵。唐太宗说："用人跟用器物一样，每一种东西都要选用它的长处。"唐太宗是中国古代历史上最为贤明的皇帝之一，他的很多治国之道都为后世所推崇，而在他所有治国方略当中，用人之道是最为后世所推崇和称道的。在唐太宗理政的 23 年时间里，所用的文臣武将不胜枚举：除了魏徵，还有尉迟敬德、房玄龄、杜如晦，等等，无不是有才之士。

由此可见，对人进行透彻的了解之后，任人唯贤、唯才是举才是真正的用人之道。在竞争激烈的今天，这条法则更是企业用人的王道，是企业用人的精髓所在。今天的竞争，归根结底是组织实力与个人能力的竞争，很多企业在用人上已经摒弃了"学历至上"的陈腐理念，而是以能力作为用人的首要标尺。

索尼(中国)有限公司是一家在国际化管理理念下成长起来的外企，既有日本文化体系中的细致、严谨，又有深受欧美文化影响的"自由豁达"，同时，也有中国传统理念当中的灵活与执着。那么，索尼的用人策略是什么呢？

和许多国际知名的成功企业一样，索尼公司选用人才的标准即是出众的聪明才智、良好的专业知识和业务背景以及认真负责、创新务实的工作态度。在招聘的环节中，索尼创始人之一的盛田昭夫先生最先提出了"学历无用论"的口号，这样的魄力在今天看来依然令人敬佩。而在企业激励机制中，打破陈规、鼓励创新、充分发挥个性与创意的企业文化使索尼几乎成了研发高手、营销精英们得以发挥无限创造力的天堂，更使很多人以"自我实现"为目标，全身心地投入工作之中。

索尼公司的做法都是基于一个简单而朴素的道理，这就是以每一位员工的能力作为企业发展的基点。能力创造业绩，能力创造效率，能力创造价值，能力创造辉煌。

4. 周密之贵微，而与道相追

"即欲捭之，贵周；即欲阖之，贵密。周密之贵微，而与道相追。"鬼谷子这里主要讲实行捭阖之术，必须周详而隐秘，无论做任何事，事先都要有一个周详而严密的规划。下过象棋的人都知道，赢家没有一个是走一步算一步的，所有的赢家都能算计到后面将要走的几步。因此，凡事有周详而严密的计划，做起来才能得心应手、游刃有余，成功的概率才会更大。

俗话说："凡事预则立，不预则废。"周密的计划是做事成功的基础。一个团队也好，一个自然人也好，做事都要有计划，越是重要的事计划越应周密。做什么、不做什么，先做什么、后做什么，粗做什么、细做什么，资源如何配置等都要依据实际情况计划周详。没有周密的、切实可行的计划，要很好地完成一件事几乎是不可能的。

在细节为首、效率当先的今天，周密的计划显得尤为重要。时间管理专家说，你用于计划的时间越长，你完成计划目标所需要的时间就越短。这两个时间存在着极大的相关性和互补性，就看你怎么做，你是愿意多花一些时间在计划细节上下功夫，还是愿意多花一些时间去调整因为盲目而导致的错误呢？

在人的一生中，每个人都必须做好自己的人生规划，必须具备睿智的眼光和超凡的远见，安排好生活中的每一件事。要全面系统地分析实现既定目标的有利条件和不利因素，或者说，存在哪些方面的机会与威胁。然后，依据上面的分析，确定实现既定目标的具体方案。只有进行周密的计划，才能对那些随时会出现的未知数和变数有所准备，才能在碰到各种各样的突发问题时临危不乱、处变不惊；只有进行周密的计划，才能很明确自己这一步该做什么，下一步该做什么，应该怎样去做。

细节是和计划密不可分的一个最重要因素。细节始于计划，计划同时也是一种细节，是很重要的细节。在你制订计划时，应对所要进行的事情的每一个环节做出深入细致的规划，保证每个环节都有一个目标，都有法可依、有章可循，每一个流程、每一个动作都要进行量化，都要从细节去分析。计划做得越周密，细节做得越到位，做起事情来就越得心应手，越容易取得成功。由此可见，细节不仅是一种态度，更是一种能力，细节表现修养，细节体现艺术，细节隐藏机会，细节凝结效率，细节创造效益。

所以，无论做什么事情，都要心中有数。制订一个详细、周密的计划是非常重要的，它可以帮你从容地应对和解答事情的未知数，帮你把事情的细节不断量化。今天，我们应该大力倡导"别忙着干活，先坐下来想一想吧"！

5. 捭阖之道，以阴阳试之

在这里，鬼谷子提出了"捭阖之道，以阴阳试之。故与阳言者，依崇高；与阴言者，依卑小"的论点。他把人笼统地分为两类：一类是"阳言者"，即积极进取者；一类是"阴言者"，即消极保守者。根据不同人的不同志向来进行游说，才可能达到"由此言之，无所不出，无所不入，无所不可。可以说人，可以说家，可以说国，可以说天下"的境界。我们在与人共事或交谈之前，不妨也先给对方归一下类，然后决定用什么样的言行来对待他。

反应篇

反应篇

本篇讲述一种游说之术。主要含义是：通过正面或反面的反复观察、了解、辩说，准确地掌握对方的反应，包括心理、语言等方面的反应，以便紧紧抓住对方，并准确地制定自己的基本策略。本篇说理不仅层次井然，而且形象生动，运用了多个独特的比喻，如：钓人之网、比目之鱼、响之随声、影之随光、后羿射日等。

反应术：洞察对方真实意图

以象动之

以形象化的手法让对方开口

反引法

想要对方讲话，自己先沉默

正引法

引动对方，观察对方反应

注意对方反应，进行详尽观察

挑动对方谈话情绪，令对方夸夸其谈

让对方主动开口，吐露实情

见微知类　善于观察

考察、发掘、辨别、探知对方的真情实意，最终说服对方

声音、语气的变化

神态、情绪的变化

肢体动作

古之大化者，乃与无形俱生。反以观往，覆以验来；反以知古，覆以知今；反以知彼，覆以知己。动静虚实之理，不合来今，反古而求之。事有反而得覆者，圣人之意也，不可不察。

人言者，动也；己默者，静也。因其言，听其辞。言有不合者，反而求之，其应必出。言有象，事有比；其有象比，以观其次。象者象其事，比者比其辞也。以无形求有声，其钓语合事，得人实也。其张置网而取兽也，多张其会而司之。道合其事，彼自出之，此钓人之网也。常持其网驱之，其言无比，乃为之变。以象动之，以报其心，见其情，随而牧之。己反往，彼覆来，言有象比，因而定基。重之、袭之，反之、覆之，万事不失其辞，圣人所诱愚智，事皆不疑。

古善反听者，乃变鬼神以得其情。其变当也，而牧之审也。牧之不审，得情不明；得情不明，定基不审。变象比，必有反辞，以还听之。欲闻其声，反默；欲张，反敛；欲高，反下；欲取，反与。欲开情者，象而比之，以牧其辞，同声相呼，实理同归。或因此，或因彼，或以事上，或以牧下。此听真伪，知同异，得其情诈也。动作言默，与此出入；喜怒由此，以见其式。皆以先定，为之法则。以反求覆，观其所托。故用此者，己欲平静，以听其辞，察其事，论万物，别雄雌。虽非其事，见微知类。若探人而居其内，量其能射其意也。符应不失，如螣蛇之所指，若羿之引矢。

故知之始己，自知而后知人也。其相知也，若比目之鱼，见形也，若光之与影也。其察言也不失，若磁石之取针，舌之取燔骨。其与人也微，其见情也疾。如阴与阳，如阳与阴；如圆与方，如方与圆。未见形，圆以道之；既形，方以事之。进退左右，以是司之。已不先定，牧人不正，事用不巧，是谓"忘情失道"；己审先定以牧人，策而无形容，莫见其门，是谓"天神"。

【通俗译文】

古代以大道教化众生的圣人，所以能与无形共生共存，是自然物化的规律。反顾而回溯以往，再回首察验未来，既可以知古，也可以知今。既可以了解对方，又可以知道自己。依动、静、虚、实的运动原理，如果在未来及现在得不到实践，就可以反思历史去研求前人的经验。有些事要反复考察探索才能把握。这是圣人的见解，不可不认真研究。

别人说话，是动态的；自己缄默，是静态的。要根据别人说的话，听他的辞意内涵，如果对方言辞有矛盾，要反复地追问他，对方（真正）的答辞就会出现。语言有形象性，事物可用比喻。因为有形象与比喻，所以要观察藏在言辞下面的含义。一般地说，形象可以模拟事件，比喻可以比附言辞，然后以"无形"的规律来求得有声的言辞，引诱对方说出（我方）所要知道的事，从而得到与人、事相吻合的真相。这就像张开网逮野兽一样，多张一些网，汇集而来的野兽就会多些。如果把捕野兽的方法用在人事上，只要方法合宜，对方就会自己"出来"，这就是钓人的"网"。要经常拿着这个"网"追逐对方，如果从对方的言辞上不能进行比较，就要改变方法。用"形象"的手段使之感动，以体会对方的思想、情感，进而控制对方。自己返回去，对方再度来，双方言辞均有形象、类比，于是心中就有数了。反复地用言语攻击、偷袭对方，事虽万变但不失于"言辞"，用"言辞"申明大道。圣人以此诱导愚人、智者，使万事不容置疑。

　　古人善于从反面听别人言论，这可以刺探到实情。他们随机应变，行动很得当，对对手的控制，也很周密。如果控制不周密，得到的情况就不明了，得到的情况不明了，心里底数就不实。要把形象和类比灵活运用，就要会说反话，以便观察对方的反应。想要听别人讲话，自己就要沉默；想要敞开，就要先收敛；想要升高，就要先下降；想要获取，就要先给予。要想了解对方的内情，就要运用模仿和类比的方法，以便把握对方的言辞。同类的声音可以彼此呼应，合乎实际的道理会有共同的结果。或者由于这个原因，或者由于那个原因；或者用来侍奉君主，或者用来管理下属。这就要分辨真伪，了解异同，以分辨对手是真实情报还是诡诈骗术。活动、停止、言说、沉默都要通过这些表现出来，喜怒哀乐也都要借助这些模式，都在事先确定法则。用反向形式来得到对方的回应，以观察其寄托。所以用这种反向思维的方法，自己要平静，以便听取对方的言辞，考察事理，论说万物，辨别雄雌。虽然没有论及事情本身，但是可以根据细微的征兆，探索出同类的大事。就像刺探敌情就要深居敌境，估计敌人的能力，再摸清敌人的意图，像验合符契一样可靠，像飞龙一样神速，像后羿张弓射箭一样准确。

　　要想掌握情况，要先从自己开始，只有了解了自己，然后才能了解别人。了解别人，就像比目鱼一样形影相随，就像光和影子一样不走样；侦察对方的言辞，就像用磁石来吸引钢针，用舌头来剥取焦骨上的肉一样万无一失。自己暴露给对方的微乎其微，而侦察对手的行动要十分迅速。就像由阴变阳，又像由阳转阴；像圆变方，又像方转圆一样自如。在情况还未明朗以前，要用圆略来诱惑对手，在情况明朗以后就要用方略来战胜对方。无论是向前还是向后，无论是向左还是向右，都可用这个方法来控制。如果自己不事先确定策略，统率别人就没有规范。做事没有智术，叫作"忘情失道"，自己首先认真确定策略，再以此来统领众人，策略要不暴露意图，让旁人看不到其门道所在，就可以称为"天神"。

【谋略精要】

1. 反以知古，覆以知今

古人云："以铜为镜，可以正衣冠；以人为镜，可以明得失；以史为镜，可以知兴替。"在这里，鬼谷子以一个纵横家的视角，阐明了"反以观往，覆以验来；反以知古，覆以知今；反以知彼，覆以知己"的方法论。

有一则寓言，狮子、驴子和狐狸决定共同去打猎，它们收获很丰厚。狮子要求驴子分配猎物，驴子把猎物平均分成三份，请狮子自己挑选一份。狮子恼怒了，它觉得自己得到的太少了。于是，它突然扑过去把驴子吃掉了。这回，狮子又让狐狸来分配猎物。狐狸把大部分的猎物放在一起，请狮子来拿，自己仅留下很少的一点点。狮子问狐狸，是谁教它这样分配的。狐狸回答："是驴子的不幸。"

他人的实践经验可以成为自己的借鉴。生命有涯而知无涯，有限的生命不可能体验所有的事物。直接经验是宝贵的，但却是有限的。 人的伟大之处，就在于能借助别人的思维从间接经验中获得智慧。 借鉴别人成功的经验和失败的教训，是自己获得智慧的路径之一。

秦末农民起义中，刘邦领兵攻破武关以后，长驱直入，歼灭了秦朝的主要兵力。 秦王子婴迫不得已，只好捧着传国玉玺，开城门投降。 刘邦入咸阳城，进了秦宫，见宫室帷帐富丽堂皇，美女珍宝不计其数，顿起羡慕之意，想全部留下自己享受。 武将樊哙极力劝阻，使刘邦很不高兴。 谋臣张良对他说："只因秦王残暴，不得人心，您才能得到今天的胜利。 我们既然为天下除去暴君，就该改变奢侈淫逸之风，提倡俭朴风气。 现在您刚入秦宫，就像秦王一样享乐，岂不等于'助纣为虐'？ 樊哙将军的话虽然说得有一点激烈，但是他却是为了您着想，所以还是希望您能接受樊将军的建议。"刘邦认为张良的话有道理，于是撤出咸阳，把军队驻扎在灞上。 张良劝说刘邦，巧妙地点出了秦朝奢侈淫逸导致灭亡的教训，使刘邦认识到了自己的错误。

"以史为镜，可以知兴替。"一般情况下，借用历史人物和事件去劝说别人，更能令对方肃然警醒，收到良好的说服效果。

"以人为镜，可以明得失。"借用自己或别人过往的经验，方能以更稳健的步子走过今天，迈向未来。 "老马识途"的故事，就充分证明了这一点。

春秋时代，齐桓公亲率大军进攻山戎，将其击溃。 当齐军要返回齐国时，却在深山中迷了路。 当时已是冬天，白雪皑皑，山路弯曲多变，走着走着就辨不清方向了。 这时，管仲说："不要紧，老马可以做我们的向导，它们认得路。"于是齐桓公立刻让人挑选了几匹老马，放开缰绳，让它们在前面随意地走，军队跟在马的后边。没多久，在几匹老马的带领下，齐军果然走出了山谷，找到了回齐国的路。

管仲知道老马识途的道理，得益于他早年的经历。年轻的时候，管仲家里很穷，经常和鲍叔牙一起做生意，两人乘骑的都是宝马。一次，两人住在一家客店，遭遇盗贼，两匹马都被偷了。两人报了官，然而等了两天，毫无音讯。到了第三天，管仲、鲍叔牙正闷坐店中，忽然听见附近有"咴、咴"的马叫声，两人出门一看，竟是被盗的马自己回来了。管仲、鲍叔牙回到家中，就把宝马失而复得的事告诉了鲍父，并问是何原因。老人见多识广，对他俩说："这有什么奇怪的，俗话说，'猫记千，狗记万，老母鸡还记二里半'，何况是宝马良驹。"

齐桓公是幸运的，因为他有了管仲。管仲也是幸运的，因为他有一段坎坷的人生经历，成为他那无穷智慧的源泉。老马识途，短短四个字便道出了经验的重要性。在实际的摸爬滚打中所学到的东西有时要比单纯从书本上学到的东西更具现实的指导意义。赵括"纸上谈兵"就是很好的例子。人们经常说"失败乃成功之母"，失败并不一定是坏事，从失败中我们能积累经验和教训，这就是失败的好处。

2. 因其言，听其辞

"因其言，听其辞。"主要讲要善于倾听，并且在听的过程中要善于诱导对方发言，通过对对方发言的反复推敲，来把握对方内心的真实情况。

鬼谷子教导我们，要耐心地倾听别人说话，如果别人话里有话，要弄清楚其中隐含的意思。同时要抓住机会提问，从对方的回答中了解真情。

有一则寓言，一只从潮湿的洼地里蹦出来的青蛙，对所有的野兽宣称："我是一个医生，医术高明、见多识广，什么病都能治好！"野兽听了都非常高兴，只有一只狐狸疑惑地问道："你连自己的跛足和皱皮都没有办法，怎么还说能给别人治病呢？"青蛙听后无言以对，气得呱呱直叫。

对一个聪明人来说，空话、大话是不起作用的。即使别人说得天花乱坠，我们也要保持理智，绝不可以轻信。有时，可以通过有效的诘难，了解事情的真相。

"因其言，听其辞"在今天同样具有现实的指导意义，尤其在销售和谈判方面。谈判中一定要善于倾听。因为谈判中有一半左右的时间要听对方说话。常言说："锣鼓听声，听话听音。"会不会倾听，能不能听懂对方的话中之意、听准对方的"弦外之音"，能不能在倾听中摸准对方的"软肋"或"破绽"，从而迅速调整应对的策略，关系着整个谈判的成败。一个高明的谈判者不仅要善于用耳倾听，还要善于用嘴在不显山露水的情形下，引导对方多多地说、不停地说。

"因其言，听其辞"是说话的一个不可或缺的重要组成部分，是交谈艺术中的重要技巧。在与人沟通的过程中，尤其是以推销或说服为目的的谈话中，必须学会倾听，善于倾听。

3. 张置网而取兽也，多张其会而司之

要用巧妙无形的方法引诱对方说话，若"钓语"合乎人情事

理，就不难从其话语中窥测内心的实情。 以张网逮兽为例：若多设置一些网，并加以密切关注，就能多捕获一些野兽。 这个方法用于人事上，只要方案合宜，对方自然会被你网住，这就是钓人的"网"。 经常拿着这张"网"与人周旋，可使对方向你推心置腹。 如果你用的比喻对方不明白，就要改变方法，用形象来打动对方，以体会其真情实感，从而加以控制。 若能你一言我一语地进行交流，且双方言辞均有形象、比喻，这就有了沟通的基础。 若双方言语投机，你来我往，则世间万物没有说不清楚的。 无论对方是愚人还是智者，圣人都有办法诱使他说出真情。

鬼谷子提出的"钓语"，意味深远，是一种很微妙的语言艺术。 所谓"钓语"，就是像钓鱼投饵一样，为了引诱对方说出真话，在发言时故意说些刺激对方的话题。 "其钓语合事，得人实也。 其张置网而取兽也，多张其会而司之。 道合其事，彼自出之，此钓人之网也。 常持其网驱之，其言无比，乃为之变。 以象动之，以报其心，见其情，随而牧之。"钓语是言谈开始时的导引性、启发性语言，以便引出对方的话头以及对方不愿外露的思想情感。 用简单而富有引诱力的话语引导、开启对方，使得对方非得开口说话不可。 就像拿饵钓鱼一样，把别人的真话钓出来。 还要像张网捕兽一样，让别人无处躲藏，只有据实相告。 熟练使用这些技巧，就不难听到真话。

春秋时期，楚成王立商臣为太子，后来又觉得不妥，想废黜太子。 商臣得知这个消息，但不知是真是假。 于是，商臣就去问他的老师潘崇。 潘崇说："这件事江芈想必知道，你设宴招待她，席间故意对她不敬，从中就可看出传闻的真假。"江芈是楚成王的妹妹，贵不可言，性格暴躁，人们见了她都毕恭毕敬，唯恐有半点闪失。商臣于是依计行事，请江芈赴宴。在宴会中，商臣故意以言行冒犯江芈，使她十分恼怒。在离席时，江芈向商臣骂道："你果然是一个不争气的东西，怪不得大王要废你！"商臣听到江芈的话，证实了传闻的可靠性，便策划了一次宫廷政变，夺取了王位。

商臣抓住江芈火气大的弱点，故意出言不逊，试探出事情的真相，堪称险中求胜的一着妙棋。俗话说得好，世上没有不透风的墙。同样，世上也没有完美无缺的人。只要是人，都会有这样那样的弱点。发现人性的弱点，投以适当的钓饵，就不难达到自己的目的。

唐朝时期，女皇武则天为了巩固统治，重用了两个残忍的执法官，一个叫周兴，一个叫来俊臣。有一次，有人向武则天告发周兴谋反。武则天命令来俊臣调查这件事。来俊臣知道周兴不好对付，于是请周兴来家里喝酒。在酒席上，来俊臣叹口气说："兄弟我平日办案，常遇到一些犯人死不认罪，不知老兄有什么办法？"周兴得意地说："这还不好办！你找一个大瓮，四周用炭火烤热，再让犯人进到瓮里。犯人敢不招供吗？"来俊臣点头叫好，立刻命人抬来一口大瓮，在四周点上炭火，然后对周兴说："现在有人告你谋反，请老兄自己钻进瓮里吧！"周兴知道自己中了圈套，只好老老实实招供了。

来俊臣以请周兴支招为"钓语"，套出了在周兴心目中最恐怖的刑罚，然后一句"请君入瓮"，让周兴搬起石头砸了自己的脚。

在日常生活中，让别人对你说真话，不是一件容易的事情。在法庭审讯当中，要让狡猾的犯罪嫌疑人开口说真话，更是难上加难。一些有经验的执法人员，善于通过各种有效方式取得供词，值得我们研究和借鉴。

有一次，中国银行某地分行的一位行长利欲熏心，私自将570万美元调到香港。经群众举报，上级有关部门发现这笔钱去向不明，既无贷款协议，又无买卖合同，也没有借据凭证，即对他拘留审查，以防止其逃匿或与别人串通。这位行长很聪明，且熟悉法律程序，他认为在事实没有弄清之前，就对他进行拘留审查是非法的，便向法院起诉。法官这样驳斥他："如果这笔钱装入你自己的腰包，则属于贪污；如果私自借给别人，则属于挪用公款；如果被人骗走，则属于渎职。或者是贪污，或者是挪用公款，或者是渎职，总之都构成犯罪，所以拘留审查是必要的。"这位行长一听傻了，知道自己已无路可走，只好交代了自己私自转移现金，准备携巨款外逃的犯罪事实。法院驳斥这位行长的言论，运用逻辑的三难推理，排除了他不被拘留审查的可能性，就像一张大网一样，将他紧紧圈在了"犯罪"的界限内，成功地攻破了他的心理防线，让他开口说了真话。

再举一个例子。第二次世界大战期间，法国反间谍机关收审了一位自称来自比利时北部农村的流浪汉，法国反间谍军官吉姆斯认定他是德国纳粹的间谍，可是还缺少有力的证据。审讯开始了。吉姆斯用法语提问："会数数吗？"这个问题很简单，流浪汉用法语流利地数数，没有露出一丝儿破绽，甚至在说德语的人员容易说漏嘴的地方，他也能说得极熟练。 于是他被押回小屋去了。 过了一会儿，有人在屋外燃起火来，哨兵用德语大声喊："着火啦！"流浪汉无动于衷，照样睡他的觉。 后来，吉姆斯又找来一位农民，和流浪汉谈论种庄稼的事，他谈的居然也不外行。 看来吉姆斯凭外观判断的第一印象是不能成立的。 第二天，流浪汉被押进审讯室的时候，吉姆斯正在审阅一份文件，在上面签完字，抬起头突然说："好啦，你可以走了，你自由了。"流浪汉长长地松了一口气，愉快地呼吸着自由的空气。 然而，他刚想转身，忽然发现吉姆斯的脸上露出了胜利者的微笑，顿时恍然大悟。 原来，吉姆斯在说上面那句话时用的是德语，而他表示听懂了。 这个德国纳粹间谍的真实身份也因此暴露了。

吉姆斯之前使用的一系列方法，表面上看都是失败的，其实不然。 这些就像张开了一张大网，为最后的收网做好了准备。德国间谍百密一疏，最终露出了狐狸尾巴。

需要说明的是，鬼谷子用"钓人之网"这样的字眼，难免会引起后人的猜疑，以为这位"智圣"在鼓励行奸使诈的行为。其实这是一种误解。 所谓的"钓人之网"，我们可以把它理解为一种交际之法。 在深入了解对方心理的基础上，通过言辞或其他方式的引诱，获得对方真实的信息。 在当今社会生活的许多方面，这种方法都大有用武之地。

4.欲闻其声，反默

"古善反听者，乃变鬼神以得其情。 其变当也，而牧之审也。牧之不审，得情不明；得情不明，定基不审。变象比，必有反辞，以还听之。欲闻其声，反默；欲张，反敛；欲高，反下；欲取，反与。"这里主要讲反应之术要善于变化，特别是善于从反方向入手。事情若从正面无法入手，不妨考虑反其道而行之，往往能收到化繁为简、事半功倍、神鬼莫测的效果。

"欲闻其声，反默；欲张，反敛；欲高，反下；欲取，反与"在后世应用甚广，尤其是政治和军事方面。"欲擒故纵"便是推而广之的典型。"欲擒故纵"中的"擒"和"纵"是一对矛盾。其中，"擒"是目的、结果，是实质；"纵"是方法、手段，是表象。

西晋末年，幽州都督王浚野心极大，甚至想代晋称帝。名将石勒打算消灭王浚的部队。王浚势力强大，石勒恐一时难以取胜。他决定采用"欲擒故纵"之计，麻痹王浚，他派门客王子春带了大量珍珠宝物，敬献王浚。并写信向王浚表示拥戴他为天子。信中说，现在社稷衰败，中原无主，只有你威震天下，有资格称帝。王子春又在一旁添油加醋，说得王浚心里喜滋滋的，信以为真。正在这时，王浚有个名叫游统的部下，伺机谋叛王浚。游统想找石勒做靠山，石勒却杀了游统，将游统首级送给王浚。这一下，使王浚对石勒绝对放心了。

公元314年，石勒探听到幽州遭受水灾，老百姓没有粮食，王浚不顾百姓生死，苛捐杂税有增无减，民怨沸腾，军心浮动。石勒亲自率领部队攻打幽州。这年4月，石勒的部队到了幽州城，王浚还蒙在鼓里，以为石勒来拥戴他称帝，根本没有准备应战。等到他突然被石勒将士捉拿时，才如梦初醒。王浚中了石勒"欲擒故纵"之计，身首异处，美梦成了泡影。

战场上没有同情和怜悯，更没有真正的饶恕。但战场总会有胜有负，古有"穷寇莫追"的说法。实际上并非不追，而是看如何去追。若把敌人逼急了，则往往会使敌人集中全力，疯狂拼命反扑，与其如此，倒不如暂时放敌人一马。放其一马，不等于放虎归山，目的在于使其放松戒备、丧失警惕、懈其斗志，然后再伺机而动，一举将其歼灭。

中国历史上，欲擒故纵之例颇多。诸葛亮将孟获七擒七纵，在于审时度势，采用攻心之计。如今，"欲张，反敛；欲高，反下；欲取，反与""欲擒故纵"更成为大多数精明企业家和商家的制胜法宝。

有个大的电器公司，其产品质量上乘，在国内外享有盛誉，亟须扩大生产规模，但公司当时拿不出那么多的资金搞扩建项目，比较可行的办法是兼并其他的小企业，改造利用小企业原有的设备。但如何兼并对方呢？如果对方一点好处都得不到，怎么会俯首称臣呢？于是，该电器公司决定给小企业三大好处：一是抽一部分技术人员对小企业职工进行培训；二是拿出一部分资金对小企业原有设备进行改造；三是在产品质量合格的前提下，小企业可使用该电器公司的品牌。

这样一来，该电器公司就轻而易举地吞并了这些小企业，使这家大电器公司少花了70％的资金，扩大了生产规模，增加了盈利。这就像先播种后丰收一样，先博得对方的好感，进而达到自己的目的，这比主动出击的成功率要高得多。

类似的事例还有很多：

美国的可口可乐公司，为了打开中国市场，不是一开始就向中国销售商品，而是采取"欲将取之，必先予之"的办法。先无偿向中国提供价值 400 万美元的可乐灌装设备，花大力气在电视上做广告，提供低价浓缩饮料，先吊起你的胃口，使你乐于生产和推销美国的可乐，而一旦市场打开，再要进口设备和原料，他就要根据你的需要情况来调整价格，抬价收钱了。

10 年中，美国的可口可乐风行中国，生产企业由 1 家发展到 8 家，销量、价格也成倍增长。美国商人赚足了钱，无偿给中国设备的投资早已不知收回几倍了。

先让你尝到些甜头而割舍不掉，然后再实施自己的计划，这种"欲擒故纵""欲得先与"的战术，在商场上俯拾皆是、举不胜举。可以说，鬼谷子的思想在当今商战中绽放着奇光异彩。

5. 虽非其事，见微知类

鬼谷子认为，了解他人，虽然未获得全部信息，但可以根据细微的迹象，预见到其发展的趋势，这就是"见微知类"的方法。另有一句俗语叫作"见一叶落而知天下秋"。意思是一个具有远见卓识的人，能从细微的迹象中预见到发展趋势，具有先知先觉的特殊本领。

有一个"狼子野心"的故事，说的是春秋时期，楚国有两个大官，一个叫子文，一个叫子良。子文的儿子叫子扬，子良的儿子叫子越。子越小的时候，子文对子良说："这孩子狼子野心，会给我们家族带来灾难。"子良听了很不高兴。子文回到家，对家人说："子越如果当了大官，你们一定要尽早离开楚国，千万不要亲近他。"子文死后，子扬和子越也都当了大官。

子扬没有听从父亲的告诫，继续留在楚国。 子越逐渐暴露出他的野心，他嫉恨子扬的官位比自己大，于是暗中派人杀了子扬。后来，子越领兵反叛楚王，结果被楚王的大军打败，他的家族也因此受到牵连。

子文能从子越小的时候，就发现他"狼子野心"，听起来十分玄乎。 但俗话说得好："三岁看八十。"一个人成年后会成为什么样子，从小就能看出一点苗头，只是一般人都没有用心去察觉罢了。

一般来说，对于大的现象与变化，人们往往是能够注意的；而对于小的现象与变化，却常常会忽视，这也许正是需要我们格外关注的。 因此，《淮南子·兵略训》中特地提醒道："下至介鳞，上及毛羽，条修叶贯，万物百族，由本至末，莫不有序。"就是说，世间万物没有不是有条理的。 只有既注重大的方面，又不忽视小的方面，最终在对敌争斗中才有把握取得胜利。

内捷篇

内揵篇

内揵术是《鬼谷子》关于进献说辞和固守谋略的方法，主要论述了领导者与被领导者之间的关系。 "内"，就是使人采取自己的计策；"揵"，就是设法坚持自己的计策，可以以情动人，以理动人。 在内揵术的运用中，最关键也是最核心的是要把握清楚被说者的心理，这是一切游说技巧发挥的出发点。

出谋划策应顺应君主心意，投其所好

向君主公开言明谋略的优劣得失

游说君主前要修炼好自己的言辞说服能力

认真揣摩形势，详细思考后再进言

内揵术：进献说辞和固守谋略的方法

君臣上下之事，有远而亲，近而疏；就之不用，去之反求；日进前而不御，遥闻声而相思。事皆有内揵，素结本始。或结以道德，或结以党友，或结以财货，或结以采色。用其意，欲入则入，欲出则出；欲亲则亲，欲疏则疏；欲就则就，欲去则去；欲求则求，欲思则思。若蚨母之从子也；出无间，入无朕。独往独来，莫之能止。

内者，进说辞。揵者，揵所谋也。

故远而亲者，有阴德也。近而疏者，志不合也。就而不用者，策不得也。去而反求者，事中来也。日进前而不御者，施不合也。遥闻声而相思者，合于谋待决事也。

故曰：不见其类而说之者，见逆。不得其情而说之者，见非。得其情乃制其术，此用可出可入，可揵可开。故圣人立事，以此先知而揵万物。

由夫道德仁义，礼乐计谋，先取诗书，混说损益，议论去就。欲合者用内，欲去者用外。外内者，必明道数。揣策来事，见疑决之。策无失计，立功建德，治名人产业，曰揵而内合。上暗不治，下乱不寤，揵而反之。内自得而外不留，说而飞之，若命自来，己迎而御之。若欲去之，因危与之。环转因化，莫知所为，退为大仪。

【通俗译文】

君臣上下之间的关系很微妙，两者之间，有的相距遥远却关系亲密，有的相隔很近却关系疏远。有的臣子主动投靠国君，但得不到重用；而有的臣子虽然已经离开国君了，但国君却又很想找回并重用他。有的臣子天天都能谒见国君，但没有被信任使用；而有的臣子则与国君距离遥远，但国君只是听到关于他的消息就想得到并重用他。归根结底，这些情况都是因为在君臣之间、上下之间、人与人之间相互交往时有内在的东西联系的，而这种联系是靠平时的交往积累而来。感情的联系往往来源于平时的接触，臣子结交君王，有的用高尚的道德情操来结交，有的用像交朋友的方式来结交，有的则用送给对方财物来结交，有的则用美貌的容颜来结交。臣子只要摸清了国君的意图和愿望，想进来就可以进来，想退出就可以退出；想要亲近国君就可以亲近，想要疏远国君就可以疏远；想出仕做官就可以做官，想隐退山林就可以隐退；想向国君所求就能求到，想要让国君挂念就可以让他挂念。使君臣之间的关系就像母蜘蛛与它的孩子之间的关系一样亲密，谋臣想出就出，毫无间隙让他人可钻，没有一点漏洞；想入就入，毫无征兆让他人捉摸，进退出入随心所欲，独来独往没有任何人能够阻止自己。

所谓"内"，就是臣下对君上进献说辞；所谓"捷"，就是臣下对君上呈献谋略。

所以与国君相距很远却关系亲近的臣子，是因为他们的主张能与国君心意暗合；距离国君很近却关系疏远的臣子，是因为他们的策略与国君意图不一；身在职位却没有被重用的臣子，是因为他的计策没有得到国君心理上的认可；离开职位而能再被国君召回的臣子，是因为他的主张正中了国君的心意；每天都和国君谒见的臣子，却不被信任，是因为他的施政策略与国君的想法不一致；而与国君距离遥远，但国君只是听到关于他的消息就想得到并重用他，是因为他所想的策略与国君正在计划做的事情相同。

所以说，不了解对方是哪类人、有什么想法就去游说的人，必定会事与愿违，适得其反；在不掌握对方意图的时候就去游说的人，定要受到否定。只有了解对方的真实意向和情感，再依据实际情况确定方法，这样去推行自己的主张，才可能控制对方，进退自如；既可以进谏国君，坚持己见；又可以放弃自己的主张，随机应变。因此圣人立身处世、建功立业，都是由此预先了解事物的真相，从而把握万事万物的。

向国君进辞献策，由道德、仁义、礼乐和计谋开始，首先引用《诗经》和《尚书》的教诲，再综合分析利弊得失，讨论自己策略的得失，然后考虑去留的问题。如果想要留下和国君处好关系，那么就需要了解他的意图和想法，才能用"内"主动接近国君，争取其宠信；如果想隐居离开，就用"外"，不必去探究他的真实意图和想法。无论是用外情还是内情，都必须先明确道理和方法，揣测预知未来的事情，在遇到各种疑难时就能相机决断。在运用策略时只要不失策，就能建立功业和积累德政，治理人民，使他们从事生产事业，这叫作"捷而内合"，也即君臣上下同心，臣子的计谋与国君的意向相一致了。如果国君昏庸，不理国家政务，百姓纷乱，事理不明，这就是计谋与内情不相合，臣子就算有好的谋略也不被国君所用，那么就应该隐居山林。对于那种对内自以为是、对外又不能礼贤下士的国君，说客可以奉迎他，获得他的信任后再慢慢说服他，从而达到自己的目的。如果国君征召自己，则应该主动去迎合，接受任命，为其所用，实现自己的目标。如果想归隐山林，应该趁着国家危乱的时候行事。要依据情况伺机而动，见机行事，运转自如，就像圆环旋转往复一样灵活，顺应变化，使旁人看不出你想要干什么。

【谋略精要】

1. 事皆有内揵，素结本始

如何在进言之前察言观色，先行试探，以彻底了解对方的人情所好，使得自己的进言能够有的放矢、对症下药，最终达到预期效果，这实在是一门不可忽视的大学问！

唐朝的纵横家赵蕤在其名著《长短经·钓情》篇里就此总结了七条诀窍：一是以物钓之，看喜欢何物；二是以言钓之，看喜听何话；三是以事钓之，看如何待事；四是以志钓之，看志趣何在；五是以视钓之，看眼神如何；六是以贤钓之，看如何待贤；七是以色钓之，看形色如何变化。

这其实与鬼谷子所说的"事皆有内揵，素结本始。 或结以道德，或结以党友，或结以财货，或结以采色。 用其意，欲入则入，欲出则出；欲亲则亲，欲疏则疏；欲就则就，欲去则去；欲求则求，欲思则思"如出一辙，而且二者所言各尽其妙，殊途同归，都充分肯定了"必得其情，乃制其术"的无穷妙用。

战国时的改革家商鞅，原是卫国人，年轻时便有大才，可惜得不到重用。他听说秦孝公励精图治，广揽人才，便带着十几车书，浩浩荡荡地跑到秦国来应聘。他这种举动比较出奇，人们议论纷纷，连秦孝公也有耳闻，起到了比较好的宣传效果。

商鞅第一次见秦孝公时，大谈"仁道"——这是孔夫子的当家学问，商鞅颇有心得，讲得口沫横飞、头头是道。可秦孝公却听得差点睡着了，完全是出于礼貌才耐着性子听他高谈阔论。商鞅察言观色，顿时明白：人家不爱这个。于是他知趣地告退。

过了十几天，商鞅又得到一个见秦孝公的机会。这次他不讲"仁道"讲"王道"，大谈治国平天下的学问，谁知秦孝公对这个也不感兴趣，商鞅只得再次告退。

过了一个多月，商鞅好不容易才得到再次见秦孝公的机会。这次他不谈"王道"谈"霸道"——这是法家以法治国、富国强兵的一套学问，一下子吊起了秦孝公的胃口。两人促膝相谈，越谈越投机。不久，秦孝公授命商鞅改革，成就了历史上有名的"商鞅变法"，为秦国日后兼并六国、统一天下奠定了基础。

鬼谷子的这种谋略，具体运用到商业谈判中，则强调我们要充分发掘出能"用其意"的各种因素，除了金钱等方面的利益外，适当地照顾到对方情感上的需要，有时却能起到意想不到的效果。

20 世纪 80 年代初，著名的引滦入津工程有这样一段真实的故事：担负隧洞施工任务的部队一度因炸药供不上，面临停工，延误工期。领导心急如焚，派李连长带车到东北某化工厂求援。

李连长昼夜兼程千余里赶到化工厂供销科，可是得到的答复只有一句话：眼下没货！他找厂长，厂长忙，没时间听他多解释，他跟进跟出，有机会就讲几句；他软缠硬磨，厂长不为所动，语气生硬地对他说："眼下没货，我也无能为力。"

话说到这份上，似乎路已堵死。

后来，厂长给他倒了一杯茶水，劝他另想办法。李连长并不死心，他喝了一口茶，看到这水又找到新话题："这水真甜啊！天津人可是苦啊，喝的是海河槽里的苦水，不用放茶就是黄的。"他一眼瞥见厂长戴的是天津产的手表，接着说："您也是戴的天津表？听说现在全国每十块表中就有一块是天津的，每四个人里就有一个人用的是天津的碱，您是办工业的行家，最懂得水与工业的关系。造一辆自行车要用一吨水，造一吨碱要160吨水，造一吨纸要200吨水……引滦入津，解燃眉之急啊！没有炸药，工程就得延期……"

他说得很动情，很在理。厂长有几分感动，问："你是天津人？""不，我是河南人，也许通水时，我也喝不上那滦河水！"厂长彻底折服了，他抓起电话下达命令："全厂加班三天！"三天后，李连长拉着一车炸药胜利返程了。

2. 得其情乃制其术

我们平时说话、办事，怎样才能达到预期的效果呢？鬼谷子认为，要"得其情乃制其术"，就是说，必须通过调查研究，掌握实情，然后根据实情锁定目标，制订计划，采取行动。 如果在掌握实情之前就盲目行动，必然会遭遇失败。

　　人与人之间都是相互依存的，因此，做到你知我知，相当重要。 这就是说，只有看透对方，才能不致陷入误区，才能行之有效地处理棘手的问题。

抵巇篇

抵巇篇

在本篇中，鬼谷子讲到了发现、消除裂痕的重要性及方法。这里所说的"抵巇"，就是在裂痕刚刚出现时，就要通过各种手段使其得以控制；在裂痕不可弥补时，就要通过破坏使其彻底瓦解，并重获完整。

抵

接触、利用

巇

缝隙、漏洞

针对出现的矛盾、漏洞采取不同的手段

朝廷没有明君

公侯无德

小人谗害圣贤，君臣
互相欺骗

贪婪奸邪之徒兴起作乱

贤者不得重用，圣人逃
避浊世

天下土崩瓦解，四分五裂

诸侯相互攻击

百姓家破人亡

叛乱纷纷兴起

世可以治则抵而塞之 ---- 圣智之人的态度 ---- 不可治则抵而得之

充分利用抵巇之术

【经典原文】

物有自然，事有合离。有近而不可见，远而可知。近而不可见者，不察其辞也；远而可知者，反往以验来也。

巇者，罅也。罅者，涧也。涧者，成大隙也。巇始有朕，可抵而塞，可抵而却，可抵而息，可抵而匿，可抵而得，此谓抵巇之理也。

事之危也，圣人知之。独保其用，因化说事，通达计谋，以识细微。经起秋毫之末，挥之于太山之本。其施外兆萌牙蘖之谋，皆由抵巇。抵巇隙，为道术。

天下分错，上无明主，公侯无道德，则小人谗贼，贤人不用，圣人窜匿，贪利诈伪者作，君臣相惑，土崩瓦解，而相伐射，父子离散，乖乱反目，是谓萌牙巇罅。圣人见萌牙巇罅，则抵之以法。世可以治，则抵而塞之；不可治，则抵而得之；或抵如此，或抵如彼；或抵反之，或抵覆之。五帝之政，抵而塞之；三王之事，抵而得之。诸侯相抵，不可胜数，当此之时，能抵为右。

自天地之合离终始，必有巇隙，不可不察也。察之以捭阖，能用此道，圣人也。圣人者，天地之使也。世无可抵，则深隐而待时；时有可抵，则为之谋；可以上合，可以检下。能因能循，为天地守神。

【通俗译文】

万事万物都有自然而然的道理，事物在发展过程中，有时相合，有时背离。有时近在眼前却看不到，有时远在天边却了解得很清楚。近在眼前却看不到的原因，是不能考察对方的言辞；远在天边却了解得很清楚的原因，是能够借鉴过去已经发生的事而测验将要发生的事。

所谓"巇"，便是裂缝的意思，裂缝不及时堵塞，便会成为大裂缝，使得事物崩裂。裂缝开始发生时是有征兆的，可以采取不同的措施对待它：或者堵塞，或者排除，或者使事故平息，或者使事故消失；如果已经无法挽救了，便用新的事物来取代它。这就是抵巇的道理。

事物出现危险征兆时，圣人便能察觉。他能独自保持清醒认识，精神活动不受干扰，顺应变化之道来分析事物，因而能通达计谋，辨析细微的现象。万物开始时，经常都微小得像秋天鸟羽的末端；一旦成长壮大，就像泰山的山脚那样巨大稳固。圣人把他的智谋用于处理外界情况时，不管征兆如何细微，都要运用抵巇之术。针对裂缝采取措施的抵巇之术，是一种道术。

天下分裂纷乱，上面没有英明的君主，公侯大臣没有道德，小人当权，毁谤和残害好人，有能力的人不被任用，圣智的人远远逃避躲藏，贪图财利、虚伪欺骗的人到处活动。君臣互相蒙蔽，国家土崩瓦解，互相残杀攻击，百姓流离失所，父子分隔，亲友反目成仇。这种情况便叫作产生了裂缝。圣人见到产生了裂缝，便用各种方法来治理它。如果世界还可以治理，便采取措施堵塞裂缝；如果已经不可挽救，便新的秩序来取代它。或者用这种措施治理，或者用那种措施治理；或者使它返回到原来的状态，或者使它翻转覆灭。上古时代，五帝相互禅让，发现裂缝便及时堵塞；夏、商、周建立新王朝，除掉原来的暴政，建立新的秩序。这都是历史上的先例。现在，诸侯之间乘人裂缝的事，数也数不清。在这种时代，能及时采取抵巇措施的人便是值得推崇的人。

自开天辟地以来，万事万物都会有裂缝产生，不可以不仔细观察研究。观察的方法是运用捭阖的手段。能够用抵巇之道来研究处理事物的人便是圣人。圣人便是体现天地自然之道的使者。世上没有什么裂缝可处理，他们便深深隐居，等待时代召唤；时代发生裂缝，可以采取措施时，他便出来谋划。他能够与国君遇合，取得信任；也可以约束民众，取而代之。他能够遵循这种方法，掌握住天地间的神妙变化。

【谋略精要】

1. 抵巇之理

鬼谷子认为，天下万事万物都有合有离，都难免会产生裂缝，产生矛盾，从政者一定要善于观察矛盾的征兆，采取不同的态度对待："巇始有朕，可抵而塞，可抵而却，可抵而息，可抵而匿，可抵而得。"这五种态度中，"抵而塞"与"抵而得"是两种最常用的方法。 大到国家的治理，小到企业经营、人际交往，都会出现矛盾和裂缝，在这种时候，一定要及时查漏补缺、弥补缝隙，正所谓"亡羊补牢，为时未晚"！

人与人之间相处，产生隔阂和裂痕是在所难免的。 不管是亲人之间、夫妻之间、朋友之间，还是同事之间，有了裂痕就要及时主动地去补救，不要让裂痕越来越大，以致无法挽救。 下面我们仅以家庭关系中最难处理的婆媳关系为例。

一直以来，王晓丽对婆婆的态度都是保持分寸、拿捏尺度，带着敬畏之心的。 就是不得已和婆婆上街并肩行走时，王晓丽都尽力避免靠得太近。　这不是说王晓丽对婆婆有多么生分和见外，只是觉得婆媳之间固有的那种微妙关系，需要保持小小的距离才会让王晓丽觉得舒服和安全。

　　王晓丽的婆婆说话很直，有时甚至还有一些刻薄，心眼在某些时刻也显得小。　王晓丽能做到的就是回避，回避和她在任何时刻可能会有的正面冲突。

　　偌大的厅堂里，婆婆一人做着毛线鞋，王晓丽走过她的身边，婆婆看看王晓丽，又低下头去继续做毛线鞋。　王晓丽能感觉到婆婆希望自己能主动上去和她说说话、聊聊天，婆婆的眼神里透着落寞。　但是，王晓丽却像一阵风一样，掠过她的身边，撂下她一个人，也撂下了满眼的期待。

　　有时上街，王晓丽时不时就能淘得新衣服回家。　婆婆看到王晓丽手里拎的包就说："又买新衣服啊。""对啊。"王晓丽眉也不抬，"看着喜欢就买了。""你上次那件还没有穿呢。"婆婆的语气明显有些责备。　"肯定是要穿的呀，你急什么。"王晓丽也有点不高兴。　"多少钱啊，贵不贵？"这是婆婆的惯例。　"不贵。"但王晓丽报出的数字却往往让婆婆吓一跳。　对于婆婆诧异的眼神来说，王晓丽也早已见怪不怪，喜滋滋自顾去房里试换新衣服。

　　某年冬天的一个午后，王晓丽兴冲冲地买回一条休闲皮裤。皮裤是越小越好的，因为会越穿越松。　当王晓丽费尽力气地穿上并奋力拉好拉链，艰难地松出口气，正蹲下身去磨合时，只听"哧"一声响，休闲皮裤的后中缝竟裂开了长长一条裂缝。　王晓丽"哎呀"一声，婆婆从厨房里冲出来，不停地唠叨："裂了啊，找他去，什么货啊，哪个店里的？""找什么找啊！"王晓丽没好气地白了婆婆一眼，"在市区，远着呢。"王晓丽气冲冲地扔下裤子上班去了，心里一直不痛快。

晚上回到家，皮裤被整整齐齐叠放在桌上，王晓丽没好气地拿在手里，奇怪的是却找不着那条开裂的缝了。明明是裂了的啊，王晓丽很纳闷。"别找了，我帮你缝好了。"婆婆从厨房中端出最后做好的汤放在桌上，"吃饭了。"婆婆的语气淡淡的，像什么事情也没发生过。王晓丽拿着裤子默不作声地进了房间。在灯下，看清了婆婆手缝的纹线，一针一针，紧紧密密，和原先的纹线完全吻合，而且不只是裂口处，所有的接口，都被婆婆重新缝上了细密结实的针眼。一阵很强烈的温暖的感觉猛然间溢上了王晓丽的心头！王晓丽在灯下坐了很久，手指在皮裤上反复地摸索。王晓丽深知自己最讨厌的事情就是缝纫，对于针线活她一直避而远之。而婆婆一个冬日下午的清冷时光，就全耗在了她的皮裤上。想到婆婆长满冻疮开裂的手，想到婆婆千沟万壑、疼痛难忍却又哆哆嗦嗦为自己缝补的手，王晓丽的泪水不自觉地流了下来，一滴一滴，全落在这几百针细细密密、结结实实的针眼上。王晓丽知道，婆婆为自己缝补的不仅仅是开裂的皮裤，而是在用爱的丝线，缝补着婆媳二人之间浅浅的隔阂。

第二天，在婆婆每日梳妆的案头，多了两样东西，一样是热水袋、一样是冻疮膏，那是王晓丽悄悄放上去的。看到婆婆手里拿着那两样东西露出幸福笑容的样子，王晓丽的心里也暖融融的。而曾有的隔阂，也就在无声的关爱里默默地消融。

生活就是这样，如果有了隔阂和"缝隙"不及时"缝补"，缝隙就会越来越大，隔阂就会越来越深，矛盾就会越积越重，最终难以弥补、无法挽救，倘若及时弥补，把矛盾和隔阂消灭在萌芽状态，不但可以和好如初，还能拉近心理距离、增进彼此感情。

家庭关系如此，朋友关系、同事关系都是如此，有了缝隙，一定要及时"抵而塞之"。当然，我们更不能人为制造矛盾、破坏团结，因为利益而争得头破血流，否则不但无法获得应得的利益，还会失去应有的和谐与幸福，成为他人的笑柄。

2. 圣人见萌芽巇罅，则抵之以法

对待做事过程中的各种危机和不利局面，鬼谷子主张要预之在先，准备在先，这就是所谓"抵巇隙"。有了"抵"的意识，就能时时掌握主动权。

人们常常十分关心危机的处理手段，这是"临时抱佛脚，病危之时才寻医"的具体表现。实际上，大家都知道，一个人要想活得长、活得好，仅仅靠"临病求医"是远远不够的，进行经常性的身体检查，预防疾病更加重要，企业也是如此。正如鬼谷子所说的"圣人见萌芽巇罅，则抵之以法"。

危机是可以避免或减轻的，对待危机，或未雨绸缪，或亡羊补牢，结果有着天壤之别。

有一天，猴子在树林里见到山猪在一棵大树旁拼命地磨牙。猴子非常奇怪，走过去问山猪："现在既没有别的动物来伤害你，也没有猎人来捕捉你，为什么还要这样努力地磨牙呢？"

山猪笑着说："现在磨牙正是时候，你想一想，一旦危险来临，我哪还有时间磨牙呀！ 现在磨得锋利点，等到用的时候就不会慌张了。"

这头山猪太聪明了，它知道在危险来临之前就把牙磨利，不然的话，很可能会在与其他猛兽的搏斗中丢掉性命。 唉！ 有些时候，动物比人要聪明许多。 动物已经把居安思危、未雨绸缪变成了一种本能，而有些人却没有明白这个道理，往往自恃强大而忽视准备的重要性。

应该说，外界的危机并不是最可怕的，可怕的是对这种危机的麻木不仁和茫然无知，不去做任何应对的准备。

对于一个庞大的企业，防患于未然的重要性远远高于得病后的治疗。 中国有句古话："凡事预则立，不预则废。"市场如战场，有备治人，无备则治于人。

对企业来说，危机不仅仅指企业面向公众或顾客的重大事故，还包括不论客观还是主观因素，抑或是不可抗力所引发的能够导致企业处于危险状态的一切因素。 从分类上，包括人力资源危机、产品服务危机、客户危机、行业危机、财务危机、媒体危机、计算机技术危机、工作事故、诉讼危机、侵权危机、合同危机、政策法规变更、天灾人祸、破产危机、并购危机、保卫工作危机、企业战略危机、供应链危机、文化冲突、多元化危机、权力交接危机等 21 种危机模式。 当前企业经常面临的前三种危机依次是人力资源危机、行业危机、产品服务危机。

企业不能有丝毫鸵鸟心态，认为危机绝不会降临到自己的头上，等到事后发出"假如当年不那样就不会有今天这样"的慨叹，只能伴着遗恨写进历史。 与其抱着侥幸心理去消极面对危机，还不如制订切实可行的、周密的危机管理计划，化被动为主动。 周密的危机管理计划是危机管理的指导方针。

危机的突发性和不可预料性决定了危机的不可避免性，对企业来说，只有尽早制订周密的应急计划，才能将危机扼杀在襁褓之中，将其所带来的严重后果降到最低。

3. 世可以治，则抵而塞之；不可治，则抵而得之

"世可以治，则抵而塞之；不可治，则抵而得之"是《鬼谷子》中最有特色的内容，已接近了民主思想的边缘。 作者并不是站在最高统治者的立场来看待和处理社会矛盾，而是站在一种比较公正的立场，他公开宣布：国家发生了矛盾，如果还可以挽救的话，就协助当权者挽救；如果国家已经腐败不堪，无可救药，就推翻它，取而代之。

所谓"穷则变，变则通"，当一个国家的统治出现了危机和矛盾，若能"抵而塞之"，则可以变法图强，以挽救危机。 但是，这种改革只限于阶级矛盾还有余地缓和的基础之上，倘若阶级矛盾和统治危机已达到无法挽救的地步，则只能"不破不立"，即通过革命"破旧"以"立新"，取而代之。 周武王顺天应命、替天行道、兴周伐纣便是"抵而得之"。

商朝最后一个国王是商代的第三十一位帝王子辛，也叫"帝辛"，"纣王"并不是正式的帝号，是后人硬加在他头上的恶谥，意思是"残又损善"。 据正史所载，商纣王博闻广见、思维敏捷、身材高大、臂力过人。 他曾经攻克东夷，把疆土开拓到东南一带，开发了长江流域。 殷商末年，它有两个主要的敌

手：西部的周方国及东部的夷人部族(甲骨文里被称作人方)。

这个时候, 活动在渭河流域的姬姓周部落逐渐强大起来, 首领周武王姬发正在积极策划灭商。 他继承父亲文王遗志, 重用姜尚等人, 使国力增强。 当时, 商的军队主力正远在东方与东夷作战, 国内军事力量空虚。 周武王把握时机, 联合各个部落, 率领兵车 300 辆, 虎贲(卫军)3000 人, 士卒 4.5 万人, 进军到距离商纣王所居的朝歌只有 70 里的牧野(今河南淇县西南), 举行了誓师大会, 列数纣王罪状, 鼓励军队同纣王决战。

而此时商纣王的大军远在东南, 无力回援, 牧野之战的商军并非商王朝的精锐之师, 而是临时武装起来的奴隶和囚徒。 交战中, 部分奴隶与囚徒临阵倒戈, 周武王最终赢得了胜利, 取代了商纣。

自古以来, 变法改革以及王朝更替都是顺应社会发展规律的举措和行为, 能不能通过变法得以图强, 能不能通过革命取而代之, 是要看能否顺应历史发展潮流、社会发展规律以及是否顺应民心, 而并非一人之力所能为也。

"世可以治, 则抵而塞之; 不可治, 则抵而得之"是符合社会发展规律、符合民心的正确思想和行为。

因此, 变革旧的事物, 绝不是什么轻而易举的事情, 需要一段时间的准备, 才能逐渐被人们理解、接受。 古代明君的变革都是顺天应人、大公至正的, 没有什么阴谋可疑之事, 就像是老虎身上的斑纹一样昭然可见, 天下人看得清清楚楚, 无不信从。东汉的马融说"虎变, 威德折冲, 万里望风而信"。 可见"德"是多么重要, 任何人在推行变革之时, 能够做到德行天下, 天下人自然会云集响应，这样的变革前景当然美好。

变革本身是一个循序渐进的过程，不是一蹴而就的，更不是靠一股热情就能奏效的。它需要分步骤、分阶段地进行。经过反复研究，当天时、地利、人和都具备时，只需顺势而行。变革是非常严肃的事情，需要热情，更需要冷静；需要勇敢，更需要智谋。盲目采取行动会有风险，所以一定要审慎稳进，不宜贸然行动。对变革的舆论，必须要经过反复多次的研究探讨，进行审慎周密的考虑安排，证明变革确实合理可行。同时，还要能够得到人们的理解与信任，只有到了这个时候，才可以大刀阔斧地进行变革。

一旦变革成功之后，一定要小心翼翼地维护变革的成果。历朝历代在经济与政治改革获得一定的成功之后，会一再强调要稳定，稳定压倒一切，这样做的目的只有一个，就是维护变革后的成果，使老百姓逐渐享受到变革的利益。

这是一个竞争日益激烈的时代，唯有积极变革的企业才能生存，才能在市场竞争中站稳脚跟，走出新的道路，迈上财富的康庄大道。世界某旅馆业巨头为了把自己的旅馆建成第一流的旅馆，第一次在房间里使用了空调、电视，还为孩子们设计了游泳池，增加了照顾孩子的服务项目，甚至设计了为旅客的小狗居住的免费狗屋。所有这些，在当时都是闻所未闻的。正因如此，当别人的旅馆生意冷清时，他的旅馆却总是满满当当。

他的旅馆的成功之处，就在于突破了当时一般的经营策略，勇敢地采用最先进的设备，有针对性地设计服务项目，拥有了别人无法企及的优势。反之，若一味固守老传统、老经验，就会掐断财富的源泉。 "当此之时，能抵为右"，这可以看作是鬼谷子对现代人的忠告。

在今天看来，鬼谷子的这一思想也是可以运用于很多地方的。 如当我们在生活中遇到某些矛盾时，我们应先考察矛盾是否可以"治"，若可以"治"，则可"抵而塞之"以解决；若不可"治"，则应坚决地"抵而得之"。

4. 察之以捭阖

"自天地之合离终始，必有巇隙，不可不察也。 察之以捭阖，能用此道，圣人也。"这里主要讲抵巇之术是一种符合自然规律的圣人之道，人们应该根据时代的要求灵活应用。

既然，万事万物皆有"巇隙"，在敌我较量和斗争中，完全可以凭借慧眼找准敌方的矛盾和空隙所在，然后乘"隙"而入，以敌方内部矛盾作为突破口，大做文章，离间其内部关系，瓦解其内部团结，以赢得斗争的胜利。

战国时期，秦国与韩国在河泽交战，韩国连败，形势危急。

大夫公仲对韩王建议说："我们的军队数量远比不上秦国，现在内无后备，外无救援，正处于危急存亡的关头。 现在秦国意在讨伐楚国而不是我国，不如通过张仪同秦国议和，送给秦国一座名城，约他一同讨伐楚国。 秦国志不在我，又有利可图，一定会同意的。 这样既保存了我国，又可以灭掉劲敌楚国，这是一箭双雕啊。"

韩王答应了，于是就对外宣称公仲将西赴秦国议和。 楚王听说韩国要和秦国和解，十分恐惧，就召见陈轸问他怎么办。

陈轸说："秦国想攻打楚国已经很久了，现在又得到韩国一座名城，再和韩国一起南下，这可是秦国梦寐以求的事！ 楚国肯定要受到两国的进攻。"

楚王点头道："是。 一个秦国已经不能阻挡，再加上韩国，我们岂不要灭亡了？"

陈轸忙说："我有一个办法。 大王可在国内选拔人马，宣称救韩。 知道的人越多越好。 再命令士兵用战车布满道路，派使臣带着足够的财物，使韩王相信楚王是他的盟友，一定会救他。 即使不能如愿，韩国也会感激你，一定不会前来攻楚。 即使两国兵临楚地，韩国也绝不肯奋力攻打，而且有可能反戈相向，而一个秦国对我国不可能造成什么重大的危害；倘若如我所愿，韩国接受了我国的礼物并表示亲近，那秦国知道后，一定大怒，两国便结下恩怨，他们之间的矛盾对我们有利。 这就是我依靠秦韩之兵而免除楚国之祸的一个计谋。"

楚王听罢大喜。 于是在国内准备人马，大肆宣称救韩，并派出使臣，送许多财物到韩国。 韩王大喜，于是阻止公仲赴秦。 公仲劝韩王道："不能这样做，秦国告诉我们的是其真实想法，而楚国却在说谎。 相信楚国的谎言而轻易断绝与秦国的关系，一定会遭到秦国报复的。 况且楚、韩不是兄弟之国，也不是盟友，更没有约定讨伐秦国，只是秦国想讨伐楚国，楚国才出兵说要救韩。 这一定是陈轸的计谋，请大王千万不要中了楚国的奸计啊！"

韩王不听公仲的意见，和秦国断绝了关系。 秦国大怒，增派人马讨伐韩国，而楚国的救兵并没有到，韩国大败。

抵巇术，在军事上多被运用，尤其是在春秋战国时期被广泛应用。 如果能够洞察到他国相互的利害关系，便可运用离间计挑起双方的纷争，而自己则可以坐山观虎斗，以取渔翁之利，以上这则故事便是成功运用离间计的著名事例。楚国面对秦、韩两个国家的进攻，临阵磨枪也为时已晚，而陈轸巧妙地抓住这两个国家之间的利害关系，从中挑拨离间，终于使秦、韩两国反目成仇，兵戈相见，不仅削弱了韩国，更重要的是保全了楚国。

乘虚而入、抢占市场是当今很多商家在商战中惯用的计谋。以攻其不备、乘虚而入的手段抢占市场，也是商战策略中风险最小、最容易成功的一种。

美国花旗银行在德国开办家庭银行，不到几年时间，就在德国消费者金融业务中取得了统治地位。他们运用的策略，就是"乘虚而入"。

德国的银行家们虽然也知道普通的消费者有一定的购买力，能成为银行的客户，但他们认为，大银行向来是为工商界和富有的投资者服务的，为普通消费者服务不免有损大银行的尊严。花旗银行正是抓住德国金融市场的薄弱环节，创办家庭银行，专为个人消费者服务，经营消费者所需的业务，一切手续都使消费者感到便利。虽然德国银行有极强大的势力，有遍布在每个城市商业区的众多分支机构，但花旗银行所办的家庭银行只花了5年左右的时间，就占有了德国低端消费的全部银行业务。

在现代经商活动中，"乘虚而入"是经营高手惯用之计。精明的商家为了使自己的企业和产品在竞争中立于不败之地，千方百计地寻找对方的弱点和空位，进而抢占市场、赢得自身最大利益。

飞钳篇

飞钳篇

　　"飞"者是指情绪放纵，言论自由。 而"钳"者，则是指夹住，使之不能自由活动。 在实践中，是指说服人的方法，按照自己的意图牵着人走的方法。 简言之，作为统治者（领导人）要施行任贤之道，利用人的专长，不失时机地获得人和社会舆论的拥护，来成功大业。 飞钳之术可以说是引人之术、服人之术。

飞

褒扬、激励

钳

钳制、控制

钩钳人才的方法

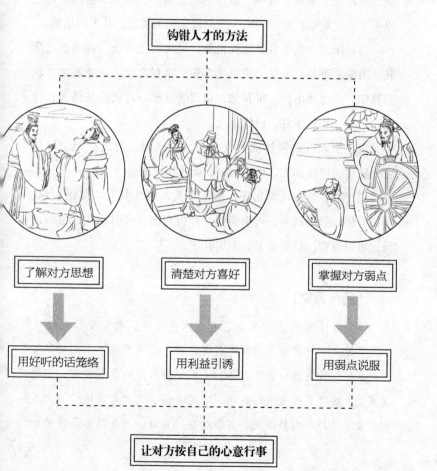

了解对方思想

清楚对方喜好

掌握对方弱点

用好听的话笼络

用利益引诱

用弱点说服

让对方按自己的心意行事

【经典原文】

凡度权量能，所以征远来近。立势而制事，必先察同异，别是非之语；见内外之辞，知有无之数；决安危之计，定亲疏之事；然后乃权量之。其有隐括，乃可征，乃可求，乃可用。引钩钳之辞，飞而钳之。钩钳之语，其说辞也，乍同乍异。其不可善者，或先征之，而后重累；或先重累，而后毁之；或以重累为毁，或以毁为重累。其用，或称财货、琦玮、珠玉、璧白、采色以事之，或量能立势以钩之，或伺候见涧而钳之，其事用抵巇。

将欲用之于天下，必度权量能，见天时之盛衰，制地形之广狭，阻险之难易，人民、货财之多少，诸侯之交，孰亲孰疏，孰爱孰憎。心意之虑怀，审其意，知其所好恶，乃就说其所重，以飞钳之辞，钩其所好，以钳求之。

用之于人，则量智能，权材力，料气势，为之枢机，以迎之，随之，以钳和之，以意宜之，此飞钳之缀也。

用于人，则空往而实来，缀而不失，以究其辞。可钳而纵，可钳而横；可引而东，可引而西，可引而南，可引而北；可引而反，可引而覆。虽覆能复，不失其度。

【通俗译文】

只要善于揣度人的智谋，考量人的才干，就能吸引远近人才。要造成一种声势，使事情获得成功，就得先观察人们相同和不同之处，区别议论的是与非，了解对内对外的各种进言，掌握其真假，决定事关安危的计谋，确定与谁亲近和与谁疏远。然后再看看这样做的利弊得失。衡量这些关系时，如果还有不清楚的地方，就要进行研究，进行探索，使之为我所用。借用引诱使对方说出真情，然后通过恭维来钳住对手。钩钳之语是一种游说辞令，其特点是忽同忽异。对于那些没法控制的对手，或者先对他们威胁利诱，然后再对他们反复试探；或者先对他们反复试探，然后再摧毁他们；或者在反复考验中，毁灭对方，或者把摧毁对方作为反复考验。想要重用某些人时，可先赏赐财物、珠宝、玉石、白璧和美女，以便对他们试探；或者通过衡量其才能创造气氛，来吸引他们；或者通过寻找机会来控制对方，在这个过程中要运用抵巇之术。

要把"飞钳"之术向天下推行，必须考量人的权谋和才干，观察天地的盛衰，掌握地形的宽窄和山川险阻的难易，以及人民财富的多少，诸侯间交往中谁与谁亲密，谁与谁疏远，谁与谁友好，谁与谁相恶。要详细考察对方的愿望和想法，了解他们的好恶，然后针对对方所重视的问题游说他，先用"飞"的方法诱出对方爱好之所在，最后再用"钳"的方法控制住对方。

如果把"飞钳"之术用于他人，就要揣摩对方的智慧和才能，度量对方的实力，估计对方的气势，然后以此为突破口与对方周旋，进而争取以"飞钳"之术达成妥协，有意识地适应对方。这就是"飞钳"的秘诀。

如果把"飞钳"之术用于外交，可用华美的辞藻套出对方的实情，保持联系，勿使失误，以便考究游说的辞令。这样就可以把握关键实现合纵，也可以实现连横；也可以引而向东，也可以引而向西；可以引而向南，也可以引而向北；可以引而返还，也可以引而复去。虽然如此，还是要小心谨慎，不可丧失其节度。

【谋略精要】

1. 见内外之辞，知有无之数

鬼谷子认为，征召人才之后，就应该去了解人才。看看对方的专长所在，观察对方是哪方面的人才。"必先察同异，别是非之语；见内外之辞，知有无之数；决安危之计，定亲疏之事；然后乃权量之。其有隐括，乃可征，乃可求，乃可用。"要考察他们之间的相同和不同之处，区别他们正确的和错误的言行；要了解他们进言的真实性，能看出他们是否有真才实学；要与他们讨论、决策事关国家安危的大计，以便确定君臣之间关系的远近亲疏。最后通过权量这些关系，根据其表现出来的才能，矫正其短处，使他们都能被君王所利用。只有了解了人才，国君才可以在需要的时候征召、聘请、重用他们，也才能够做到用其所长、避其所短。

为统帅者，必须得到人才的辅佐，才可能成就大业。要得人才，首先要识人才，这就需要有鉴人之术。为统帅者若不能鉴人识人，即便是身边人才济济，也会视而不见。

春秋时期，楚国人卞和为国献宝玉，楚厉王与楚武王有眼无珠，卞和一献失左足，再献失右足。幸好贤明的楚文王即位后，主动召卞和进宫，并慧眼识玉，这块宝玉才没有被埋没。楚文王为表彰卞和几次冒死献宝，就将这块宝玉命名为"和氏璧"。

真正有才能潜质的人，往往就像那块"和氏璧"一样，一眼看上去平淡无奇，只有通过有识之士的发现、举荐和精心培养，才能展现出真正的才华和价值。

美国人卡罗林·威尔斯·霍登编写了一本《世界幽默选》,在《人才》篇中有一段,讲一个政治家对一个哲学家说:"聪明人真难找啊!"哲学家说:"的确,因为只有聪明人才能了解和发现聪明人。"这句话道出了人才的发现必须有善于发现人才的人。我国把善于发现人才的人通常比作伯乐。关于伯乐的地位,汉朝政治家桓谭说:"得十良马,不如得一伯乐。"唐代大文学家韩愈又做了进一步的论述:"世有伯乐,然后有千里马。千里马常有,而伯乐不常有。"这可以说是经验之谈。事实证明,"千里马"是常有的,关键是如何发现他、识别他。

　　"何代无贤,但患遗而不知耳"是唐太宗继帝位后与右仆射封德彝对话中的一句。这句话的意思是,每一个时代都有贤才,关键在于知,而知贤才,首先要能识别。但是,识别人这一工作,自古以来都是非常困难的。人之所以不同于其他动物,在于他的复杂性。人的智商、情商以及在实践中的选择能力,其他的动物是无法比拟的。实践证明,看准人,并加以妥善使用,事业则无往而不利;看不准人,就会用人不当,即使再好的事情也会一塌糊涂。

　　关于识人难的问题一直困扰着领导们,针对这一问题,白居易曾在他的《放言五首并序》的第三首中做了这样的描述,他写道:"赠君一法决狐疑,不用钻龟与祝蓍。试玉要烧三日满,辨材须待七年期。周公恐惧流言日,王莽谦恭未篡时。向使当初身便死,一生真伪复谁知?"这首诗的大意是说,识别人才的优劣、好坏,是非常不容易的,得经过长期的观察和多次的实践考验。就如同鉴别一块玉要用火烧三天,经过三天的火烧,这块玉还不热，那它便是真的；分辨一棵树是不是乔木，得需要等待七年时间；一个人的好与坏，真与伪，忠与奸，不能凭一时一事，也不能凭某些人的某些评断，而是要看他的整个过程。就好像周公和王莽一样，假如周公摄政时、王莽未篡位时就死了，那么他们一生的真伪又有谁会知道呢？可见识别一个人，它不但是复杂的，而且还需经过长期的观察和考验。

识别人难是公认的，但是人并不是不可识别的，只要我们有一定的识人的标准和原则，在此基础上我们就可以形成一套方法。

以德才兼备作为知人善任的标准，是中国文化的结晶。落实到识人方面，在我国古代有许多精辟的论述。三国时代蜀国的丞相诸葛亮在《前出师表》中就提出"亲贤臣，远小人"。这对兴亡有至关重要的意义。他借此对汉朝进行了概括，并指出，先汉时期之所以兴隆，是因为"亲贤臣，远小人"。后汉之所以倾颓，是因为"亲小人，远贤臣"。后来在《便宜十六策》中又进一步指出："治国之道，务在举贤。若大国危不治，民不安居，此失贤之过也。"在唐朝有个大臣叫魏徵，他把识人与行结合起来，主张才行兼备。他提出要识人，要审查这个人的行为，做到知其善始用之。他说乱世用人，可不顾其行，但"丧乱既平，则非才行兼备不可用也"。这也明确地提出了德才兼备的标准。宋代政治家司马光在前人的基础上又提出"才者德之资，德者才之帅"的主张，这对后来的人产生过一定的影响。

从历史上看，凡按此原则识人并加以使用的，这样的群体都有过一番业绩。诸葛亮不但有知人的思想，而且在实践中也把这一思想充分地体现了出来。其中对待蒋琬就是一例。刘备率大军入蜀初期,蒋琬是广都的县令。有一次刘备下去巡视,见蒋琬酒醉不理政事,大怒之下就要杀他。诸葛亮非常了解这个人,替他讲情,说:蒋琬这个人,是国家的栋梁之材,非常难得,他为政以安民为本,不大重视粉饰自己。刘备尊重了诸葛亮的意见,没有给他治罪。蒋琬果然不负所望,后来做了不少有益的事情,并被诸葛亮提拔为丞相府长史,诸葛亮每次出征,他都能保障兵粮的供给。因此他被诸葛亮称为"忠雅之士"。诸葛亮临死前,又向刘禅推荐他。蒋琬果然没有被看错。在他执政期间,大公无私,胸襟广阔,善于团结人,能审时度势,使国治民安。

历史上也曾有过很多用人不当导致事业失败的教训。如北宋杰出的政治家王安石,在宋神宗的支持下开始变法。一场轰轰烈烈的变法运动,最终却归于失败。失败的原因,除了深刻的社会、政治原因外,与王安石本身也有很大的关系。王安石很有才华,但过于自信,以至于到了自大的地步;他识人不准,在实施变法的用人方面多有失误。当时,由于得不到朝中重臣的支持,王安石只好找那些急于上进的新人,且把他们都想象成像他一样为国分忧、为民请命的清官。然而,这些人不仅缺乏实际操作经验,而且都把变法作为晋身之阶,参与变法的动机不纯。王安石的重要支持者与助手如吕惠卿、章惇、曾布、蔡卞、吕嘉问、蔡京、李定、邓绾等,都属于人品不正者,甚至大多数后来都被列入了《宋史》的"奸臣传"中。用一些人品不好、胸怀私心的人进行变法,再好的设想也是得不到正确实施的。

人们都知道"滥竽充数"这个典故。南郭先生滥竽充数的伎俩之所以能够得逞，其最大的责任不在南郭，而在齐宣王。身为一国之君的齐宣王被南郭的花言巧语所蒙骗，犯了失察的大过。还好南郭先生只是一个在乐队里混饭吃的市井无赖，要是在一个集体里面，所谓的"人才"都像南郭这样，其后果将不堪设想。

2. 引钩钳之辞，飞而钳之

通过鉴人之术锁定人才之后，怎样吸引人才为我所用呢？只知鉴才而不能用，则毫无价值。在这里，鬼谷子提出了"飞而钳之"的办法，即首先要了解对方，其次要以褒扬的方式俘获其心。只有热情、诚恳地对待人才，才能赢得有识之士的诚心相助，成就大业。

《世说新语》中记载了一个故事，说一个洛阳的高官叫顾荣，一次应邀赴宴，发觉端烤肉的人露出很想吃烤肉的神态，就把自己那一份让给了他。同席的人都讥笑顾荣，顾荣说："哪有成天端着烤肉，却不知道烤肉滋味的道理？"后来顾荣遇上战乱，过江避难，路上每逢遇到危难，总有一个人在身边保护。一问缘由，原来就是受赠烤肉的那个人。

风平浪静的时候，聚集在身边的人，不一定是真正的知己，一旦事到临头，这些人就作鸟兽散了。但在危难之时能不离不弃、携手共渡难关的人却一定是真正值得珍惜的朋友。所谓"疾风知劲草，日久见人心"，说的就是这个意思。

李元度被曾国藩称为"患难与共"的人，他早期与曾国藩的关系十分密切。曾国藩兵败靖港的时候，曾数次愤而自杀未遂。当时，在他身边"宛转护持，入则欢愉相对，出则雪涕鸣愤"的人就是李元度。后湘军在九江水域大败，损失惨重，曾国藩"愤极，欲策马赴敌而死"，被罗泽南、刘蓉劝止。在此困难之时，李元度投笔从戎，"护卫水师，保全根本"。在咸丰六年（1856）的时候，湘军周凤山的军队在江西樟树镇被太平军击溃，曾国藩部下再无得力陆军，完全依仗李元度率领的平江勇"力撑绝续之交，以待楚援之至"。在曾国藩困守江西的那些最为艰难困苦的岁月里，李元度始终不离不弃、倾力辅助，最终帮助他走出了艰难的时期，为以后的东山再起赢得了宝贵的机会。

把人才当作朋友、知己一般对待，使其怀有知遇之感，自然不难赢得人才之心，从而为自己的事业加上一枚重重的砝码，这是古今中外无数成功者的成功秘诀。

美国IBM创始人沃特森说："你可以接收我的工厂，烧毁我的厂房。然而，只要留下人，我就可以重新组建IBM。"可见，国外很多的知名企业家都把人力资源看得比物质资源更为重要，在现如今人力资源争夺激烈的环境下，国内的企业要想不被社会淘汰，就应该多多注重吸引人才的重要性，多向国外知名企业学习经验。

曾经有一个瑞士籍的研究生发明了一种电子笔及其辅助设备，这种笔和设备可以用来修正遥感卫星所拍摄的照片。这一发明引起了世界各国的关注，很多企业争相聘请这位研究生加盟。 当时，一家美国公司和一家瑞士公司争夺这个人才，双方像在拍卖场上一样，不停地加价，都势在必得。 最后，美国公司胜出，因为该公司对瑞士那家公司说："我不加价了，等你们加够了，我在你们的数额上乘以50。"此言一出，吓退了那家瑞士公司。

这家美国公司可谓是魄力十足。 事实上，很多美国公司都是这样。 美国企业能够打遍天下，和他们重视人才分不开，全世界的精英都往那里会聚，怎么可能不发达？

3. 或称财货、琦玮、珠玉、璧白、采色以事之，或量能立势以钩之

请来了贤能之士就万事大吉了吗？ 当然不是，既是贤才，当然是很多人孜孜以求的栋梁，都想为己所用，加之人才本身具有流动性，所以想方设法控制住人才，让其长期为我所用是一个英明和有远见的领导者必须考虑的事。

鬼谷子认为，是否能够让各种各样的人才为己所用，是评判一个领导者是否合格的重要标准。 而"飞钳"——也就是以正确的方法控制人才，则是使用人才的有效手段。

欲成大业，人才的重要性是不言而喻的。 能收揽人才，并且能驾驭驱使之，那么就有可能成就大业。 若无人才相助，或有人才而不能用，最后必然成不了大事。 汉高祖刘邦在起事之前不过是一地方小吏，在后人看来甚至还有些好吃懒做、不务正业之嫌。 最后能成为大汉帝国的开国皇帝，并非他有不世之才，是因为他有张良、萧何、韩信等一群栋梁之材的辅佐。 当然，有栋梁之材相助，还要知人善任并驾驭之，如此才能成就大

业。 韩信、陈平、黥布等人都曾是项羽的部下，归附刘邦之后都被重用。

以张良、萧何、韩信等人之才，为何甘愿受刘邦驱使？ 刘邦必然有其过人之处，照韩信的说法是他"善将将"。 从刘邦封韩信、彭越的举动中，我们就能领略刘邦"善将将"的本领。

秦亡后，刘邦和项羽争夺天下。 刘邦逐渐由劣势转为优势，于是领兵追击楚军，在阳夏南安营扎寨，派人与大将韩信、彭越约定日期会师。 可是到了约定日期，韩信、彭越的军队并没有开来。 刘邦孤军深入，被楚军击败，只好退却下来，坚守壁垒。 刘邦又急又怒，于是请来张良求教对策。 张良分析了当时的形势，说："现在楚军眼看就要完了，可韩信和彭越还没有得到封地。 两人功勋卓著，本应封王，现在您若允诺灭楚后给韩信、彭越封王，他们必定前来助战。 这样，几路大军联合，消灭楚军就易如反掌了。"刘邦依计而行。 韩信、彭越很快出兵，几路大军会师在垓下，韩信用十面埋伏消灭了项羽的残部，逼得项羽自杀。 刘邦终于登上了皇帝的宝座。

刘邦善于审时度势，从谏如流，这是明君必备的素质，也是人才甘愿为其效力的原因。

人生如战场，尤其是对于那些想要成就一番事业的人来说，更是时时刻刻处于争战之中，在这场旷日持久的战争中，没有几个始终拥戴你的铁杆队员肯定是不行的。 如何让追随你的人为你卖命，是个大有学问的课题，除了晓之以利益之外，动之以感情也是非常有效的。

人们讲究"滴水之恩，涌泉相报"，于是就有了"士为知己者死""风萧萧兮易水寒，壮士一去兮不复返""壮士死知己，提剑出燕京"等说法，这无一不是"感情效应"的体现。 君主善用恩情来维系与臣下的关系，这也是历史上的常见现象。

刘备与诸葛亮，可以说是君恩臣忠的典型例子。 诸葛亮感激刘备三顾茅庐的知遇之恩，出山后尽心竭力辅佐刘备，深得刘备的信任。 刘备临终前，曾将自己的儿子刘禅托付给他，请他帮助刘禅治理天下，并且诚恳地表示："你能辅佐他就辅佐他，如果他不好好听你的话，干出危害国家的事来，你就取而代之。"刘备死后，诸葛亮殚精竭虑，帮助后主刘禅治理国家。曾经有人劝他称王，被他严词拒绝，他说："我受先帝委托，已经担任了这么高的官职；如今讨伐曹魏没见什么成效，却要加官晋爵，这样做不是不仁不义吗？"诸葛亮六出祁山，北伐中原，最终积劳成疾，病死在五丈原。 诸葛亮的一生，可以说是为蜀汉"鞠躬尽瘁，死而后已"，这固然是他有匡扶乱世之志，而刘备的善施恩德在其中也发挥了很重要的作用。

所以说，感情投资是做大事的人必须掌握的一种手段。 所谓感情投资，是指一种精神上的、感情上的赏赐：一个关切的举动，两句动情的话语，一个伤心的眼神……这些无形之物的作用，有时简直可以胜过高官厚禄，而且它所影响的，不只是受惠者本人，还能扩散到整个团队，可以说，是一种无本万利的手段，是一种最为高明的笼络人心之术。

这当中虽然不乏古代统治者收买人心的把戏，但它也包含着管理上的一些基本原则。 因为，只有让人们切实感受到获益，人们才会真心拥护你，并发自内心地跟随你创业图强。 总之，要想留住人才，就一定要好好经营你的感情投资。

在现代社会中，这种做法仍然还是很有市场的。以现代企业管理为例，聪明的管理者在工作生活中，会主动给下属以恩惠，让下属有"大树底下好乘凉"的感觉，让他们既感觉到温馨，又感受到安全。这样富有人情味的上司必定能获得下属的衷心拥戴。只有和下属搞好关系，赢得下属的拥戴，才能调动起下属的积极性，激发他们努力工作的热情，为事业的发展尽心尽力。

以前我们谈管理，尤其是对人的管理，过多地强调了"约束"和"压制"，事实上这样的管理往往适得其反。聪明的管理者已经开始意识到这一点，开始在"尊重"和"激励"上下功夫，了解员工的需要，然后满足他。

让管理者亲和于人，让管理者与员工心理距离拉近，让管理者与员工彼此间在无拘无束的交流中互相激发灵感、热情与信任，这样的理念在优秀的管理者中达成越来越多的共识。要让管理者真正亲和于员工，不仅表面上要与员工拉近距离，还要真正关心员工，不单是关心员工的家长里短，更重要的是关心员工的前途和未来，包括员工的薪水和股票，也包括员工的学习机会、得到认可的机会和得到发展的机会。

4. 量智能，权材力，料气势

"量智能，权材力，料气势。"主要讲如果把"飞钳"之术用于他人就要揣摩对方的智慧和能力，度量对方的实力，估计对方的气势，然后以此为突破口和切入点，方能取得成功。

无论做什么事，只要涉及与对手的较量，都要预先对对手进行仔细的分析，以求全面、准确地了解对方，正所谓"知己知彼"，方能"百战百胜"。战场如此，商场如战场，亦是如此。在当今的商务谈判中，对对手"量智能，权材力，料气势"具有非凡的借鉴意义和指导作用。

首先，从自身角度来看，知己才能知人。要善于剖析自我，勇于克服自身的弱点，不断提高自身的素质和专业水平。作为一个谈判者，其知识、经验、修养、口才乃至风度都有一定的要求，谈判需要广泛、丰富的知识和经验。此外，性格上的弱点对谈判也有着重要的影响：如果是自卑的人，面对较强硬的对手，就会有强大的心理压力，容易接受暗示，犹豫不决，当断不断，甚至唯唯诺诺；若是脾气急躁的人，在谈判中往往心浮气躁、欠缺冷静，缺乏耐心，容易造成判断失误，或因急于求成，忽视某些必要细节，让对方有机可乘、钻空子；倘若是爱钻牛角尖的人，则不善于多向思维和及时调整策略，或因为应变能力差而造成谈判失利，等等。所以，在谈判之前，一定要充分认识自己、武装好自己，扬长避短，既不让对手有机可乘，又可以以己之长、攻彼之短。

其次，从对手角度讲，对对手相关资料收集和积累得越多，准确性越高，就越能为自己提供更多赢得对手的筹码。在谈判之前，要根据具体情况和要求，充分了解谈判对手的信誉、作风、经营能力及以往履行合同的情况，等等，尽可能多地掌握和准备好有关对方的情报资料。

总之，在商务谈判中，必须尽可能地熟悉对方的情况，做到心中有数。不能仓促上阵，否则就可能受制于人，陷于被动。

忤合篇

忤合篇

"忤"是忤逆、反忤的意思，也就是违背了事物发展的要求，与其规律背道而驰的；"合"则是符合、顺应的意思，即遵循事物的发展要求和变化规律。 本篇忤合术讲述的就是关于分合与向背的问题，强调要善于把握两者间相互转化的态势，只要顺势而行，便可纵横自如。

根据不断变化的情况，做对自己最有利的事

反复探求事物的连续性和独立性

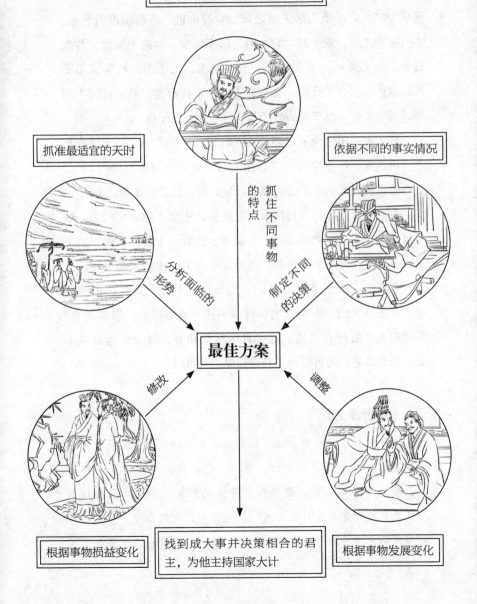

抓准最适宜的天时

依据不同的事实情况

抓住不同事物的特点

分析面临的形势

制定不同的决策

最佳方案

修改

调整

根据事物损益变化

找到成大事并决策相合的君主，为他主持国家大计

根据事物发展变化

【经典原文】

凡趋合倍反，计有适合。化转环属，各有形势。反复相求，因事为制。是以圣人居天地之间，立身御世，施教扬声明名也，必因事物之会，观天时之宜，因之所多所少，以此先知之，与之转化。世无常贵，事无常师。圣人常为，无不为；所听，无不听。成于事而合于计谋，与之为主。合于彼而离于此，计谋不两忠，必有反忤。反于是，忤于彼；忤于此，反于彼。

其术也，用之天下，必量天下而与之；用之国，必量国而与之；用之家，必量家而与之；用之身，必量身材能气势而与之。大小进退，其用一也。必先谋虑计定，而后行之以飞钳之术。

古之善背向者，乃协四海、包诸侯，忤合之地而化转之，然后以之求合。故伊尹五就汤，五就桀，然后合于汤。吕尚三就文王，三入殷，而不能有所明，然后合于文王。此知天命之钳，故归之不疑也。非至圣人达奥，不能御世；不劳心苦思，不能原事；不悉心见情，不能成名；材质不惠，不能用兵；忠实无真，不能知人。故忤合之道，己必自度材能知睿，量长短远近孰不如，乃可以进，乃可以退，乃可以纵，乃可以横。

【通俗译文】

大凡联合与对抗的行动，都有相应合宜的计策。变化和转移就像铁环一样连锁而无中断。然而，变幻着的事物各有具体情况，彼此间互相依赖，要根据实际情况处理。圣人生活在世界上，立身处世是为了教化众人，扩大影响，宣扬名声。他们必须根据事物之间的联系，来观察天时，抓住有利时机，根据国家哪些方面有余，哪些方面不足，据此先把握实质，并设法促进事物向有利的方面转化。世上没有永远显贵的事物，事物没有永恒的师长和榜样。圣人常常是无所不做，无所不听。办成要办的事，重要的是不违背预定的计谋。如果为了自己的君主，合乎这一方的利益，就要背叛那一方的利益。凡是计谋不可能同时忠于两个对立的君主，必然违背某一方的意愿。合乎这一方的意愿，就要违背另一方的意愿；违背另一方的意愿，才可能合乎这一方的意愿。这就是"忤合"之术。

如果把这种"忤合"之术运用到天下，必然要把全天下都放在"忤合"之中权衡；如果把这种"忤合"之术用到某个国家，就必然把整个国家放在"忤合"之中权衡；如果把这种"忤合"之术运用到某个家族，就必然要把整个家族都放在"忤合"之中权衡；如果把这种"忤合"之术用到某一个人，就必然要把这个人的才能气势都放在"忤合"之中权衡。总之运用"忤合"之术的范围或大或小，其功用是相同的。所做之事都要预先谋划、分析、计算之后再实行"飞钳"之术。

古代那些善于以背离一方、趋向一方而横行天下的人，常常驾驭着四海之内的各家势力，控制各个诸侯，在"忤合"中促成转化，然后达到"合"于圣贤君主的目的。过去伊尹五次臣服商汤，五次臣服夏桀，然后才决定一心臣服商汤王。吕尚三次臣服周文王，三次臣服殷纣王，其行动目的仍未显露于世人，最后归服了周文王。这就是懂得天命的制约，所以才能归顺一明主而毫不犹豫。如果不具备高尚的品德、超人的智慧，是不能驾驭天下的；如果不用心冥思是不可能揭示事物的规律的；如果不全神贯注地考察事物的实情，就不可能功成名就；如果才能、胆量都不足，就不能统兵作战；如果只是愚忠呆实而无真知灼见，就不可能有察人之明。所以，"忤合"的规律是：首先估量自我聪明才智，度量自身的优劣长短，分析在远近范围内还比不上谁。这样就可以前进，可以后退；可以合纵，可以连横了。

【谋略精要】

1. 反复相求，因事为制

在纷繁复杂的社会生活中，当对立的各方都邀请自己加入的时候，应该接近谁、远离谁？弄清这一点是很重要的。鬼谷子给出的答案是"因事为制"，也就是根据事态的发展来决定。

有一则寓言，说有一天，狼的使者来到羊群里，许诺说："如果你们把守护你们的狗抓住杀了，我们以后就不再吃你们了，让你们过上安静的日子。"那些愚蠢的羊答应了狼的要求。这时，有只年老的羊站出来说："我们怎能相信你们，并同你们共同生活呢？有狗保护我们的时候，你们还闹得我们不能安心地吃顿饭呢。"

聪明人不会轻信敌人的诺言，而放弃自己的安全保障。相信敌人的诺言无疑是愚蠢的，而选择自己盟友的时候，则一定要睁大眼睛。

春秋时期，鲁国是一个弱小的国家，经常受到其他大国的威胁。鲁国国君为了巩固统治，想和晋、楚这两个大国结交，就准备把自己的几个儿子派到晋、楚两国去，名义上是当官，其实是做人质。鲁国大夫犁鉏不同意这样做，他对鲁君说："大王，如果您的儿子落水了，您到越国去求人救他，越国的人虽然善于游泳，但也救不活您的儿子；如果鲁国失火了，您到海里去取水，海水虽多，也不能及时扑灭大火，这是因为远水难救近火啊！ 现在晋国和楚国虽然强大，但距离鲁国很远。 离我们最近的大国是齐国，如果让公子去齐国，我们和齐国结交，当鲁国有难时，齐国能不来相救吗？"鲁君认为他说得很有道理。

鲁国国君舍近而求远，准备结交一些根本帮不上忙的盟友，这种做法违背了常理，显然是错误的。 但是他联合大国、寻求安全保障的做法是正确的。 有时候，当我们面临共同的威胁时，单打独斗是很难有胜算的，此时应该建立一个战略联盟，团结一切可以团结的力量以克服困难。 古语云："人心齐，泰山移。"只要有足够的力量联合，即使是泰山挡道，也可以将它移开。

历史上许多有远见的政治家都因做到了这一点，而改变了敌我力量的对比，使自己走出了困境。 比如三国时期，蜀军败于夷陵，被吴国陆逊火烧连营七百里，损兵折将，导致刘备悲愧交加，病死于白帝城。 此时，蜀国内部政权不稳，外部魏国大兵压境，其危急形势，正如诸葛亮在《出师表》中所说："先帝创业未半，而中道崩殂；今天下三分，益州疲敝，此诚危急存亡之秋也。"在这国难当头之时，诸葛亮没有盲目决定向东吴复仇，而是首先考虑建立战略联盟，恢复与东吴的联盟关系。 由于战略联盟建立，进攻蜀国的曹真大军被吴将徐盛打得大败，而诸葛亮由于再无后顾之忧，得以放手南征，七擒孟获，北伐中原，六出祁山，取得了一系列的胜利，为蜀国的生存空间又赢得了几十年的时间。

在政治和军事斗争中，当对立的双方势均力敌、难解难分的时候，第三方的态度就显得非常关键了。当第三方加入某一方以后，就迅速促成了另一方的失败。历史上有不少这样的例子。

明朝末年，李自成率农民军攻占北京，崇祯帝自缢于煤山，明朝灭亡了。李自成为招降驻守山海关的辽东总兵吴三桂，派降将唐通带着5万两白银和吴三桂父亲的书信，前去游说他。吴三桂原本打算归顺闯王，但又得知李闯王政权镇压明朝权贵，自己的父亲被追赃拷打，家产全被查抄，连他最宠爱的小妾陈圆圆也被掳走了，他一气之下，杀了李闯王的使者，给清朝的睿亲王多尔衮写信，请求他发兵征讨李自成。清军早就想进关统治整个中原了。所以，多尔衮立刻率清兵进入山海关。李自成得知吴三桂不肯投降，就亲率大军，和吴三桂的大军在山海关附近决战。两万清军骑兵从右边突袭农民军，农民军大败。后来，清军彻底打垮了李自成，进入北京，顺治皇帝登位，统一了中国。

站在一起的盟友，并非各方面都完全一致，因此必须异中求同。这需要有人积极主动，才可以很快地找到共同点来解决共同面对的问题。如果双方都自顾矜持，不去主动解决问题寻找共同点，只是盯着别人与自己不同的地方，那无论到什么时候，都不可能找到彼此的共同点。

同样，在现代商业社会中，凭个人的单打独斗很难取得事业上的飞跃。学会与人合作，则显得至关重要。那么，该怎样选择合作者呢？借用一句名言来说："我们没有永远的朋友，也没有永远的敌人。"——凡事要根据形势来判断，这也是鬼谷子思想的精髓。

商业史上有这样一件让人津津乐道的事：在西方许多家庭的餐桌上，习惯于同时摆上美国"水晶杯"公司和"细瓷"公司生产的水晶玻璃高脚杯和细瓷餐具，它们都是高档的名牌餐具。过去，这两家公司因为是竞争对手，关系一直不好。可后来他们经过协商，决定联合推销。"水晶杯"公司利用细瓷餐具在日本市场的信誉，通过联合销售，将其产品打入日本等国；而"细瓷"公司则利用"水晶杯"50％的产品销在美国的优势，使细瓷餐具占领了美国家庭与饭店的餐桌。结果，联合推销使双方相得益彰，两家的销售额均大幅提高。

2. 世无常贵，事无常师

鬼谷子认为，要达到某一目的，实现某一意愿常常要曲折地、灵活地应变，以求成功。

事物总在变化中，正如鬼谷子所言，"世无常贵，事无常师"，圣人就是要了解掌握这一规律，促使两者之间的转化。世上的事没有永远不变的，或忤于彼或忤于此，反忤则通过计谋使之合，这就是反忤之术，因为反忤之结果可以合，也称为忤合之术。由此可知，"忤合"是事物发展变化中的应变常规，所以，忤合之术基于"反""合"可以互相转化的原理，有些事情顺势去做可以成功，有些事情逆反去做也可以成功。

因此"忤合"术即"以反求正"之术。为了实现某个计划，正面进攻常常难以实现，这时就需要曲折、灵活地应变，从侧面或者反面突破，以求成功。

"司马光破缸救人"早已传为佳话，脍炙人口，这是典型的以反求正的案例。按照通常的想法，人掉进水里以后，人们采取的办法就是把人从水里捞出来，也就是"让人脱离水"，这是符合常规的思维。但是，对于年仅10岁的司马光来说，要把另一个掉进水缸里的小孩子抱出水面，是不可能的。也就是说，常规的方法只能使他陷入困境。司马光的聪慧之处就在于没有按照常规的方法，而是从相反的方向，开通出一条思路，也就是"让水脱离人"。他打破了水缸放水，从而顺利地把水缸里的小孩子抢救了出来。事实上，有许多问题在用顺向思维无法解决的时候，要攻克这个难题，摆脱困境的最好、最有效的方法就是把我们的脑袋反转一下。

清朝著名学者纪晓岚在他的《阅微草堂笔记》中讲了这样一个故事：沧州城南，有一座靠近河岸的寺庙，山门倒塌，一对石雕的野兽也随之滚到河里去了。过了十几年，准备重修山门，需要把那一对石兽打捞起来，但河很长，到哪里去寻找呢？按照一般人的看法，石兽必然在下游。但一老河工却不同意这种看法，他认为"凡河中失石，当求之于上流"，认为石兽应到河上游去找，他说："石兽是坚固沉重的，河沙是稀松轻浮的，流水的力量不能一下子把石头冲动，但是被石头挡回来的水的力量必定在面对流水的石头下边，把河沙冲开，形成一个窟窿，越冲窟窿越大，这个石头下边的窟窿扩大到中部，石头不能再保持平衡，必定倒转到窟窿里去。流水再冲击河沙，到一定时间石头再倒转一次，不断地倒转，这个石兽就逆着流水跑到上游去了。"人们按照老河工的话去寻找，果然在上游几里远的地方把那对石兽找到了。

鬼谷子认为，任何事物都有正反逆顺的发展形式，施用"忤合"之术的前提是必须对具体事物多方研究，从而采取具体的应变方法。缺乏针对性的以反求合，不仅不能实现原先意图，而且可能适得其反。

实施"忤合"之术，必须充分认识万物皆在变化中，变化才有发展，所以有效的忤合智谋必须使实施者相信要超过自己的对手有两个必备条件，其一是知己知彼。知己知彼才能进退纵横，游刃有余。其二是应在对方处于谋略、攻势状态中，即在不如我方谋略的情况下，行"忤合"之术，必将使我方获得主动权。

诈退之法常被军事家广泛使用，曹操就曾用此计巧取阳平关。

公元215年春，曹操率兵攻伐汉中张鲁，自陈仓出发，一路夺关斩将，进行得极为顺利。阳平关地势险要，易守难攻，守将为张鲁之弟张卫与大将杨昂，他们在山顶筑长墙10余里，更增加了进攻的难度。几次攻击之后，曹操损兵折将，却没有踏上阳平关半步。这时，曹操眉头一皱，计上心来。他见阳平关着实难以攻破，便引军后退。敌人见曹操大军已退，守备也就松弛下来。不料曹操的退兵乃是诈退，正欲以松懈敌人守备。他立即命令张郃、夏侯渊领兵乘夜偷袭，终获大胜，登上了阳平关。阳平关一破，汉中已无险阻，张鲁仓皇逃走，曹操遂占有汉中。

在军事上，诈降之术、诈败之法均为"忤合"之计。

在现实生活中，要达到成功处世的目的，常常要迂回曲折地采取灵活的应变措施，这正是"忤合"之术的妙用。施展此智谋时，首先必须知己知彼，即了解自己和对方的情况，因人而异，因事而异；其次要注意保密性。只有这样才能左右逢源，办事成功。尤其是在商业活动中，要想获取成功，就一定要领悟"忤合"术的真正内涵，在曲中见直、直中见曲中，转患为利。

3. 忤合之道，己必自度材能知睿

"己必自度材能知睿，量长短远近孰不如，乃可以进，乃可以退，乃可以纵，乃可以横。"是说一个人无论做任何事，首先要自我估量，然后度量他人的优劣、长短，分析、对比自己与他人的差距所在。只有在这样知己知彼以后，才能进退自如、淡然若定。

一个人只有先了解自己，才能明确地为自己的人生定位，才能清清楚楚地知道自己该做什么、能做什么、适合做什么乃至做什么能成功；一个人只有对所要交往的众人有清晰而全面的了解，才能知道自己何去何从，才能正确决断自己的去向，才能找到自己的用武之地，如果不了解对方就草率从事，往往会落得怀才不遇、明珠暗投的下场。所以，在做出决断之前，一定要清楚自己、了解对方。

这个道理最适合于当今最热门的话题——求职。兵书上说，"知己知彼"方能"百战不殆"，求职应聘，一定要知己知彼，才能成功地找到自己称心如意的工作，让自己的才能有真正的用武之地。

一家外贸公司想要招聘一名搞贸易的人才，并且招聘单位要求此人会外语。一位女大学毕业生知道后喜出望外，马上赶到

那家公司应聘。 一到公司她才知道，已有几名比她外语还出色的应聘者被淘汰了。

女大学生立即调整了思路，在回答完考官提出的相关问题的同时，又主动介绍了自己的情况："我对经济贸易很感兴趣，因为我上高中时，对世界地理的学习特别用功，所以对各个国家的地理概貌、矿产资源都比较了解，我可以用英语介绍美国西部地区的情况。 同时，我也可以用日语介绍一下战后日本经济腾飞的情况。 我曾在商业部门实习半年，颇懂一些经营之道，如果你们能认真考虑我的条件，我想我可以胜任此项工作。"这位女大学生恰到好处的"画蛇添足"，说到了考官的心里，最终她被聘用了。

这位女大学生之所以成功，在于她清楚地了解自己的长处和优势，而这个优势又恰恰符合招聘单位的需要，成功也是情理之中的事。

所以，在求职过程中一定要谨记这条重要法则："己必自度材能知睿"，即知己知彼。

所谓"知己"，就是求职者要了解自己，能客观地分析自己的性格、专长、爱好、学历、知识背景、工作背景，既能认清自己的优点和长处，又能客观地对待自己的缺点和短处，并且尽量扬长避短。 但是在用人单位面前，"扬长"要适度，要实事求是，切不可张扬甚至刻意炫耀；"避短"并非刻意回避，有意掩饰，而是顺其自然、客观对待。 若用人单位问起，则说；不问，则不提。 只要确定自己的长处和优势完全符合招聘单位的要求、自己的能力完全可以胜任所要应聘的岗位即可。

所谓"知彼"，就是求职者要了解招聘单位。要做到"知彼"，可以从以下三个方面入手：

首先，是对招聘单位整体情况进行了解。招聘单位的名称、行业属性、产品或服务的大致类型是求职者必须要了解的。在此基础上，求职者还要有意识地去了解招聘单位的规模、行业地位、发展态势、企业文化，等等。

其次，是对应聘岗位的了解。求职者要了解应聘岗位的工作职责、工作方式、在企业组织架构中的位置、在企业中的发展空间、工资福利、待遇，等等。

最后，是对面试官的了解。面试官代表招聘单位对应聘者进行考查。面试官往往影响着应聘的成功率。所以应聘者应避免那些过于个性化的装扮，如怪异的发型、奇装异服，等等。此外，应聘者还可以有意识地去了解面试官在招聘单位的职务，特别是面试官的职务与自己所应聘的职务之间的关系。还有就是面试官的性格、爱好等也是应聘者应该有所了解的。

总之，"知己知彼"的根本目的在于准确找到自己的职业定位和人生定位，所以求职时一定要谨慎对待，切勿操之过急，以免入错行，耽误自己的职业规划和人生规划。

"己必自度材能知睿"还有另外一层现实意义，就是要承认自己的不足，同时了解他人的长处，学会取长补短。在鬼谷子看来，不管是与人竞争还是联合，要想得利，都必须以自己本身的实力作为保证，否则就会归于失败。

揣　篇

揣　篇

　　"揣"是指揣摩、估计、推断，等等，通过这些方法对游说对象作出较为准确的判断，以达到自己的目的。 文章一开头便指出，善于治理天下者，其胸中必须揣有天下之一切。 立志于当政治家的谋臣策士，必须明于"量权"，善于"揣情"，然后才能有所成就。

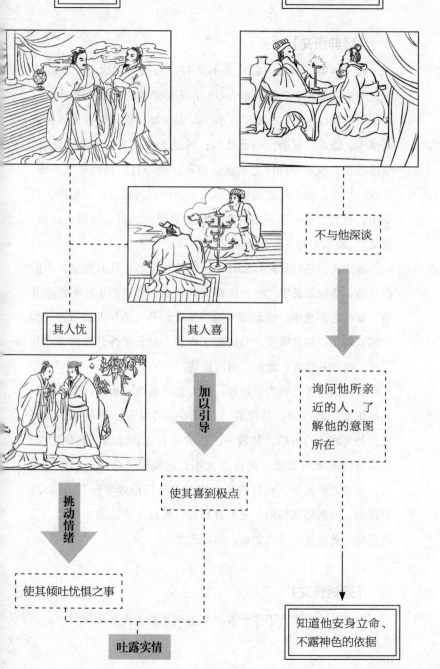

对一般人

对深藏不露的人

不与他深谈

其人忧

其人喜

加以引导

询问他所亲
近的人，了
解他的意图
所在

挑动情绪

使其喜到极点

使其倾吐忧惧之事

知道他安身立命、
不露神色的依据

吐露实情

古之善用天下者，必量天下之权，而揣诸侯之情。量权不审，不知强弱轻重之称；揣情不审，不知隐匿变化之动静。

何谓量权？曰："度于大小，谋于众寡。称货财有无，料人民多少、饶乏、有余，不足几何；辨地形之险易，孰利、孰害；谋虑孰长、孰短；群臣之亲疏，孰贤、孰不肖；与宾客之知睿，孰少、孰多；观天时之祸福，孰吉、孰凶；诸侯之亲，孰用、孰不用；百姓之心，去就变化，孰安、孰危；孰好、孰憎；反侧，孰便。"能知如此者，是谓量权。

揣情者，必以其甚喜之时，往而极其欲也；其有欲也，不能隐其情。必以其甚惧之时，往而极其恶也；其有恶也，不能隐其情。情欲必失其变。感动而不知其变者，乃且错其人勿与语，而更问其所亲，知其所安。夫情变于内者，形见于外；故常必以其见者，而知其隐者；此所谓测深揣情。

故计国事者，则当审量权；说人主，则当审揣情；谋虑情欲必出于此。乃可贵、乃可贱、乃可重、乃可轻、乃可利、乃可害、乃可成、乃可败，其数一也。故虽有先王之道、圣智之谋，非揣情隐匿无所索之。此谋之大本也，而说之法也。常有事于人，人莫先事而至，此最难为。故曰"揣情最难守司"。言必时其谋虑，故观蜎飞蠕动，无不有利害，可以生事。美生事者，几之势也。此揣情饰言成文章，而后论之。

【通俗译文】

古代善于凭借天下各种条件来施展才能、发挥作用的人，一定要衡量天下的权势实力，揣测各位诸侯的真实心情。如果对权势实力的衡量不详明周密，就不了解各国强弱虚实的差别；如果对真实心情的揣测不详明周密，就不了解隐蔽和变化的状况。

什么叫衡量权势实力呢？回答是："那便是估量并思考大小和多少的情况。包括衡量和计算：有没有财物；人民有多少；贫富状况怎样；哪些方面有余，哪些方面不足；还要分辨比较：地形险峻还是平坦；哪里地形有利，哪里地形不利；哪一国善于谋划，哪一国不会谋划；君臣间的关系，哪一国君主亲近贤人疏远小人，哪一国君主亲近小人疏远贤人；哪一国的宾客足智多谋，哪一国的宾客缺少智谋；还要观察天命，即观察国家命运的发展趋势，谁有祸，谁有福；谁凶，谁吉；观察诸侯间的关系，看谁有可靠的盟国，亲密可用；谁没有可依靠的盟国，不能利用；观察民心向背和变化状况，哪国民心安定，哪国民心不稳；谁被人民热爱，谁被人民憎恶。对以上情况反复辨识并准确把握，知道如何去行动。"了解以上一切，这便叫作衡量权势实力。

揣测真实心情，一定要选在那个人最高兴的时候，前去会见他，最大限度地刺激他的欲望，因为他被欲望蒙蔽，便不能隐蔽真情；一定要选在那个人最担心的时候，前去会见他，最大限度地诱发他想起所憎恶的对象，因为他被憎恶所激动，便不能隐蔽真情。还一定要了解那个人感情欲望的变化。如果触动了那个人的感情，但还是摸不清他的变化，便暂且放开那个人，不跟他交谈，转而去询问他亲近的人，从而了解到他所满足的是什么。内心发生感情变化，一定会从外部表现出某种形态。所以，一定要经常从外部表现出来的形态去深入了解内心隐藏的思想感情。这便叫作揣测内心深处的思想感情。

如果要谋划国家大事，就一定要衡量天下的权势实力；如果要游说君主，就一定要周详地揣测他的真实思想感情。一切计谋和愿望，都要通过这种揣测之术。有的人显贵，有的人低贱；有的人被重用，有的人被轻视；有的获利，有的受害；有的成功，有的失败，其规律是一致的。那就是，善于揣测的人便显贵、获利、成功；否则，便低贱、受害、失败。所以说，即使有先王的治国方法，有圣人智者的谋略，如果不揣测真情的话，也无法寻求那隐蔽的东西。可见，这揣测之术是谋略的根本，是游说的法则。善于揣测的人，经常跟别人接触谋事，却没有谁能够超过他。他在事情发生之前便能准备好，这是最难办到的。所以说，揣情是最难掌握的，这就是说最难掌握别人内心的谋划。即使是昆虫飞行爬动那样微末的事情，也都包含着利益与祸害，可以使事物发生变化。使事物发生变化的原因往往是微小的势态。实行这揣情之术，必须要修饰言辞，使之富于文采，然后再进行论说。

【谋略精要】

1. 度于大小，谋于众寡

在这里，鬼谷子阐述了量权的主要内容。量权就是："度于大小，谋于众寡。称货财有无之数，料人民多少、饶乏、有余，不足几何？辨地形之险易，孰利、孰害？谋虑孰长、孰短？君臣之亲疏，孰贤、孰不肖？与宾客之知睿，孰多、孰少？观天时之祸福，孰吉、孰凶？诸侯之交，孰用、孰不用？百姓之心，孰安、孰危？孰好、孰憎？反侧，孰便。"量权主要是针对"计国事者"（谋划国家大事的谋臣说客）的一种策略。

谋臣在游说前必须知晓游说对象的国际国内政治、经济、军事、外交等局势。

"辨地形之险易，孰利、孰害"提到的是如何辨别地形的利弊，从而为自己谋划策略创造有利条件。赤壁之战是历史上著名的以少胜多的战役。分析曹操失败的原因，除了个人的骄傲轻敌之外，更重要的一个原因就是对地形分析不够。北方人不善水战的致命弱点被孙刘联军加以利用，从而被孙刘联军用火攻，导致了魏军的惨败。

我们说一件事的成败要考虑"天时、地利、人和"。战场上不仅要善于观察"地利"，还要重视"人和"的作用。

李膺是南朝宋时涪县（今四川绵阳）的县令。公元501年，萧衍在襄阳起兵讨伐南齐，立萧宝融为帝。此后，萧衍又联合邓元起进攻郢州城。不久便攻下郢州，萧衍便让邓元起任益州刺史，代替原益州刺史刘季连。

刘季连原是南齐皇帝萧宝卷任命的，萧衍起兵讨伐萧宝卷时，刘季连犹豫不定，左右摇摆。当他得知自己将被取代时，就征召士兵，誓守益州。

邓元起得到刘季连誓守益州的消息后，便先进兵巴西郡（今四川阆中一带），太守禾士略开城投降。于是他开始招兵买马，一时间便使自己手下增至三万人。可是蜀地长期战乱频繁，人们大多逃亡，田地荒芜，无人耕种，三万人马的粮草供应竟成为问题。邓元起对此一筹莫展，不知如何是好。

这时有人出主意说："蜀地政治混乱，连年争战，很少有人想在这获取东西。他们认为这里的百姓已所剩无几，即使有，也是伤残带病的，没有丝毫用处。实际上并非如此，老百姓往往趁政治混乱、管理松懈的时机，在户籍上假装残疾，以欺骗官府、逃避赋税，这种情况在巴西郡尤为严重。如果您现在下令核实户籍，把那些假装残疾的人给以重罚，粮草之事，几天便可解决。"

邓元起听从了这个意见，准备派人核查户籍，以筹备粮草。

涪县县令李膺知道了这个消息后，连忙拜见邓元起说："请大人先不要这样做，我对巴西郡的情况很熟悉，让我来告诉您怎么办吧。"

邓元起见李膺相貌堂堂，一股浩然正气，便下令先不要核查户籍，看看这位涪县县令有什么高明之策。李膺说："刘季连拥兵誓守益州，又派出强将准备来讨伐大人，现在您是前有强敌，后无增援。如今又处在粮草短缺的境地，巴西郡人民刚刚依附于您，正在观望您的德政如何。这时候如果核查户籍，对隐瞒的人施以重罚，则会造成他们的不满。他们忍无可忍，便会趁机作乱，对您有百害而无一利。万一离心离德，您后悔都来不及了。孟子说过'为渊驱鱼者，獭也；为丛驱雀者，鹯也；为汤武驱民者，桀与纣也。'大人该不会不懂这个道理吧！"

邓元起听了之后高兴地说："我差点听信小人之言啊！既然你能分析透这件事情，又对巴西郡很了解，那粮草之事，就交给你去办吧！"

于是李膺答应邓元起，五天之内筹备齐粮草。他命人把当地的富户找来，对他们说道：

"如今形势朝不保夕，谁能预料到第二天还能不能活！难道你们不想过太平日子吗？　现在邓元起将军领兵接任益州刺史，而原益州刺史刘季连却陈兵反对。　邓元起将军一心要为民造福，却因粮草短缺不能实现。　我劝各位往长远处着想，帮邓灭刘，如果到时天下太平了，我们巴西郡也可沾光；如果死守财物，说不定哪天就会被乱兵抢夺一空啊！"众人听了，都连声说："正应如此，正应如此。"

不到三天，李膺便将粮草如数交给邓元起。

"称货财有无，料人民之多少、饶乏、有余，不足几何"说的就是在制订策略时要考虑到百姓钱财的多少、民众的反应如何。　在战乱纷纷的年代，百姓深受其害，所以才假装残疾以逃避征兵和纳税，这是他们谋求生存的最后一道防线，如果把它也打破了，后果不堪设想。　李膺深明此理，所以不向穷苦的百姓筹粮，只从富户身上想主意。　富户虽然爱钱，但是毕竟性命重要，为了保住性命，就只能拿钱来换了。

宋仁宗时期，富弼采用了李仲旦的计策，从澶州的商胡河开凿六漯渠流入横陇的故道，以增加宋朝的水利灌溉渠道。　贾昌朝素来憎恨富弼，于是暗地勾结宦官武继隆，想置富弼于死地。正在这时候，宋仁宗生病，不能上朝理政，贾昌朝便密令两个司天官趁朝中官员商讨国事时上奏道："国家不应该在北方开河，以致皇上身体不安。"众大臣听了，都不以为然。　宰相文彦博知道他们是别有用心，但当时却无法制止。

数天之后，那两个司天官又上疏请皇后一同听政，并罗列许多理由来证明皇后听政是上策。

内侍史志聪把他们的奏疏交给宰相文彦博，文彦博看后默不作声，把它藏在怀中，没有给任何大臣看，脸上却露出得意的神色。诸大臣都很奇怪，问他上面写的是什么，他只字不提，只是命人把那两个司天官召来责问：“你们两人的职责是静观天象，只要略有动静，应马上上报朝廷，可是现在你们怎么想干预国家大事啊？你们的所作所为按法律应当灭族！”

两人听后非常害怕，脸色惨白，浑身发抖。

文彦博又说：“我看你们只不过是自作聪明，所以不想治你们的罪，从今以后不准再如此狂妄了。”

两人连忙退出，文彦博这才取出奏疏让诸位大臣观看。

大臣们看后全都愤怒地说：“这两个人如此大胆，为什么不斩首呢？”

文彦博说：“把这两个人斩首，事情就会传扬开来，对皇后和在宫中养病的皇上都不是好事，一定会影响他们。”

诸位大臣连忙说：“你说得有道理。”

接下来他们一同商议派遣司天官去测定六漯渠方位，文彦博便指名让那两人前去。

武继隆请求把他们留下，文彦博说道：“他们只不过是小小的司天官，竟敢如此胆大妄为，议论国事，这其中一定是有人在暗中教唆！”

武继隆铁青着脸，一言不发。

那两个人到了六漯渠以后，恐怕朝廷治他们的罪，于是就改口说：“六漯渠在京师的东北方向，不是正北方向，开河之事根本没有什么害处。”

后来宋仁宗的病渐渐好了，精神也渐渐地恢复，这件事就这样化于无形之中。

"群臣之亲疏，孰贤、孰不肖"，文彦博不但明察秋毫，还有一双善辨忠奸的眼睛。为了平息这场风波，他尽量把大事化小，小事化了，以免事态扩大而导致无可挽回的损失。面对两个司天官的无理，他丝毫没有动怒，而是在平静中制止了一场争斗，同时又让皇上、皇后得到了安宁，而武继隆也受到了震慑，真可谓一箭三雕。

商场如战场，想要获得成功，必定要先付出一定的代价。

辛亥革命前，是山西大德通票号最兴盛的时候，但总经理高钰没有得意忘形，而是冷静处事，凡重大进退总是三思而后行。当时，三岁的溥仪被扶上了皇帝宝座，高钰就看出天下将不安的苗头，于是在经营上采取保守的做法。稍后，革命党人在南方的活动加剧。高钰便觉得事必大变，所以采取了急流勇退的方式，迅速收敛业务。高钰的这一举措，与当时票号界的隆盛局面极不相称，受到世人的讥讽。很快，他的收敛之计刚刚就绪，辛亥革命就爆发了！于是，绝大多数票号由于准备不足，猝不及防，在挤兑风潮的袭击下纷纷关门！而在这些票号遭受这场灭顶之灾时，大德通票号却有备无患，安然渡过了这场金融风暴！

高钰的聪明之处，就在于他知道票号的经营与政局关系极大，一有大的政变，就可能引起灾难性的后果。因此，他密切关注时局的变化，以此为根据决定自己的经营策略，显然这是一种十分明智的做法。

人是社会性的动物，社会环境对于个人和企业的发展具有重要的影响。人们一般用"天时、地利、人和"来对社会环境加以概括。 对于渴望成功的人而言，这三者都是需要加以考虑的因素。 鬼谷子这里所说的"量权"，是需要下大功夫的。

2. 往而极其欲，往而极其恶

"揣情者，必以其甚喜之时，往而极其欲也；其有欲也，不能隐其情。 必以其甚惧之时，往而极其恶也；其有恶也，不能隐其情"是告诉我们要把握好揣情的时机，大喜、大惧的时候是最好的时机，我们要善于在对方最高兴的时候去加大他们的欲望，在对方最恐惧的时候去加重他们的恐惧，从而让对方将实情暴露出来。

有时候，把握住了对方的恐惧心理，不妨再"危言耸听"一番，即以恐吓的手段刺激对方，人一旦受到这种刺激，往往会因为恐惧而心慌意乱，失掉原来的立场，进而答应你所提出的要求。

春秋战国时期，秦国宰相范雎受到秦昭襄王的充分信任，在内政和外交上为秦国做出了很大贡献，使秦国在当时建立了霸主地位。 他的权势不仅在秦国国内，对其他诸侯亦有很大影响力。

但是，在他为相的后几年，出现了令范雎"惧而不知所措"的事情。 事情发生在他为相的第七年，由他所推荐而被提拔为将军的郑安平，在和赵国的一次征战中苦战不敌、率兵投降。过了两年，他所推荐的河东太守王稽，又因私通诸侯被诛。 按照秦国当时的法律，投降和私通外邦都是重罪，而推荐者也须连坐，就是说推荐者和犯罪者一样，也得被诛杀头。 只是由于他深受昭襄王信任，才被豁免，存得一命。

相继发生的这两件事，使得范雎心里留下了很深的伤痕，也使他感到恐惧和不安。这个消息很快传开了，那些早已虎视眈眈等候时机的各国说客们莫不大感兴奋。

燕国有一位名叫蔡泽的说客听到这一消息认为"机不可失"，于是立即动身前往秦国。一到秦国，他便托人介绍，晋见范雎。游说的人以及被游说的人都是说客出身。蔡泽现在的情形和15年前范雎的经历大同小异，这使得范雎不禁产生了一种沧桑之感。他苦笑着接见了蔡泽。

蔡泽说道："史书上有记载：'成功者不可久处。'你该趁这个时机辞去相位才算聪明，这样人们才会赞誉你的清廉如同赞誉伯夷，同时你也才能够保持长寿如同赤松子（仙人名，相传为神农时雨师）。如果你只知晋升不知隐退，只知伸不知屈，只知往不知退，必然会带给自己祸害。这个比喻，请您三思。"

范雎答应着说："善。吾闻'欲而不知止，则失其所欲；有而不知止，则失其所有。'先生幸教，雎敬受命。"

几天之后，范雎进朝，推荐蔡泽，而自求隐退。昭襄王挽留他，但范雎辞意坚定，并假托重病在身，最后终获应允。

这个故事中的蔡泽正是应用了"以其甚惧之时，往而极其恶"的策略，这在今天的推销领域也非常适用。

顾客是销售人员要攻克的堡垒，销售人员需要做的是抓住他们内心最柔软的部分，然后狠狠地出击。目前，越来越多的企业都在利用顾客的不安全感、恐惧感来展开营销。比如保险公司会对你描述你失业或得绝症之后的后果有多么多么的可怕，而你投资一项保险业务之后又会有多好、多大的保障，等等。这种事不胜枚举。

不仅仅是"往而极其恶"可以作为销售的手段，"以其甚喜之时，往而极其欲"同样可以。

有个商人到小镇去推销鱼缸，尽管鱼缸做工精细，造型精巧，但问津者寥寥。商人尝试了很多促销手段，都没有什么效果。有一天，他突发奇想，跑到花鸟市场以低价买了500尾小金鱼，来到穿镇而过的水渠上游，把这500尾金鱼都投了进去，于是小渠里有了一尾尾漂亮、活泼的小金鱼，这条消息很快就传遍了小镇！镇上的人们争先恐后地涌到渠边，许多人跳到渠里，小心翼翼地捕捉小金鱼。捕到小金鱼的人，立刻兴高采烈地去买鱼缸；那些还没捕到的人，也纷纷拥上街头抢购鱼缸。大家都兴奋地想："既然渠里有了金鱼，虽然自己今天没捕到，但总有一天会捕到的，那么鱼缸早晚能派上用场。"卖鱼缸的商人趁机把售价不断地抬高，几千个鱼缸还是很快就被人们抢购一空。这个聪明的商人利用人们贪小便宜和爱凑热闹的弱点，耍了点小手段，于是人们就心甘情愿地把钱送上了门。

所以说，鬼谷子老先生"往而极其欲，往而极其恶"的方法是非常具有现实意义的。

3. 更问其所亲，知其所安

鬼谷子是见缝插针的行家，他强调游说要抓住对方"甚喜""甚惧"两个时机，如果对方不为所动，不要再对他说什么了，而应改向他所亲近的人去游说。这样就可以知道他安然不为所动的原因。这里，鬼谷子是以对方亲近的人作为突破口。

有一本书中曾提到，在航空业刚刚兴起的时候，美国某航空公司发觉乘客几乎都是在不得已的情况下，才肯搭乘飞机。起初，他们认为这是"怕死"的心理在作祟，因此，花了庞大的宣传费，强调飞机的安全可靠，可惜并未收到预期的效果。于是，这家航空公司决定进行调查，并聘请著名的心理学家狄希特博士主持这项工作。

狄希特博士先就经常搭乘飞机的旅客做了一项假想测验，请教他们："如果获悉自己的座机即将撞山而毁时，首先闪入脑海的景象是什么呢？"调查的结果显示，这些旅客所关心的并非自己的生死问题，而是亲人将如何接受这个不幸的消息，即面临死亡的威胁，乘客想到的是爱人如何自处，如有的脑海中浮现自己的太太声泪俱下地说："就是这么傻，如果听我的话，搭火车去不就没事了。"等等如此情景。

航空公司按照这个结论，对"家属"展开了宣传攻势。宣传单上告诉为人妻者："若让先生搭乘飞机，他会在最短的时间回到你的身边。"同时，还举办"全家同游"的活动，使一些家庭主妇也能享受搭乘飞机旅游的乐趣。航空公司利用宣传以说服乘客的背后权威人物——家属，而避免了直接游说乘客时可能遭受的困扰，公司的业务果然大为改观。

可见，在求人办事时，如果所求之人对你根本没有好感，就应把求人的重点放在与对方非常亲近，而且在对方心中占有非常重要地位的人身上。向这个人发起感情攻势，使这个人欠你的情，事情就好办了。

例如旧上海的黑社会头子杜月笙，他能在上海滩崭露头角，"枕边风"就帮了他很大忙。刚出道时，杜月笙头脑机灵，办事老练，苦于没有出人头地的机会。后来他投靠黄金荣，在黄府做了一名打杂的仆役，混在用人之中，生活倒也安稳。杜月笙存心要飞黄腾达，不甘为人下。因此，他"眼观六路、耳听八方"，处处谨慎，把分配给自己的活做得又快又好，但他地位太低，还拍不上黄金荣的马屁。好在他常与黄金荣的贴身奴仆接触，靠此机会百般讨好，黄公馆上上下下对他都有好感。

终于，机会来了！

有一次，黄金荣的老婆林桂生得病，经久不好，求神占卜，提出要年轻力壮的小伙子看护，据说可以取其阳气，杜月笙是被选中的一个。

这个时候，黄金荣正宠爱林桂生，杜月笙善于察言观色，又善于动脑筋，马上想到这林桂生的枕边风不亚于台风中心，威力强大，拍不上黄金荣的马屁，拍林桂生的马屁更有效，何况，异性相吸，这马屁又容易拍些。

于是，杜月笙"衣不解带，食不甘味"，十二分尽力侍候林桂生。别人照顾，无非是随叫随到或陪坐一旁，杜月笙则全神贯注，不但照顾周到，而且能使林桂生摆脱烦恼，心情愉快，林桂生往往尚未开口，他已知道林桂生要什么东西，林桂生想到的，他想到了，有些林桂生没有想到的，他也想到了，把林桂生服侍得心花怒放，引他为贴己心腹。

在林桂生枕边风的吹动下，黄金荣终于将当时法租界的赌场之一——公兴俱乐部交给杜月笙经管。

需要注意的是，求人办事并不总是在熟人之间进行，有时不得不闯入陌生人的领地。进入一个陌生的家庭环境里，想要迅速打开局面，人们眼光总是寻求理想的"突破口"。有了"突破口"，便可以点带面或由此及彼地铺展发挥开去，从而实现目的。 前面所说，对方的"红颜知己"固然是一个极好的目标，同时，老人和小孩也是一个理想的"突破口"。

第一，老人、小孩容易接近。

老人因体力虚乏，在家休养，或因年岁高而退职在家，工作是没的做，家务是不让做，话是心里有而没处说，因此常常显得孤寂。 如果有人主动接近老人，哪怕是暂时地解除老人的孤寂，老人自然非常乐意。 而小孩天真纯朴，喜新好奇爱动：一句唐诗、一段故事、一个鬼脸、一声哄捧就能很快赢得小孩亲近。

第二，通过老人、小孩，可以融洽全家。

一家之中，老人是长者。 而中国人有敬老、尊老、孝老的传统。 假如老人心悦神怡，全家随之活跃和愉快。 中国人又十分看重传宗接代的希望——小孩，视小孩为家庭的未来，祖辈如此，父辈更甚。 况且现代家庭小孩多是"独苗"，家里人更是哄捧宠爱，如果能和小孩玩在一块，家长自然会对你另眼相看。

4.以其见者，知其隐者

"故常必以其见者，而知其隐者。 此所谓测深揣情。"是说揣情要善于察言观色，从对方的外在表现探测其内心深藏的思想感情。

为人处世，最重要的本领之一就是察言观色。 不清楚对方心里想什么，就无法把话说到对方的心里去，做事情当然就无法取得满意的结果。 要想把事情做好，就一定要在洞察人心、揣摩人意上多下功夫，正所谓"进门看脸色，出门观天色"。一个人的情绪和心理往往会通过面部表情表现出来。懂得察言观色的人，往往可以通过对方的一句话、一个眼神就读懂对方的心意，从而随机应变、见机行事，办起事情来自然也就得心应手、游刃有余了。

不过，倘若对方是个喜怒不形于色、城府很深的人，或者从正面不方便下手，那么直接从正面察言观色往往就会收效甚微，此时不妨考虑一下旁敲侧击，通过侧面的敲打来观察对方的反应，以洞悉对方的心理。

摩 篇

摩 篇

　　"摩"篇是"揣"篇的姊妹篇。　"摩"意为研究、揣摩，推测事情。　所以"摩意"就是"揣情"之术。　"揣情"和"摩意"的规律，则是秘中成事。　所谓"用之有道，其道必隐"，而隐微之道的关键是："隐貌逃情，而人不知，故成事无患。"秘中成事是成就各种事业的规律，在政治、经济、军事等活动中概莫能外。

| 摩术 | ➡ | 寻求琢磨外在表象的内在心理原因 |

我方

对方外在表象

要遵循一条
基本原则，
就是必须在
秘密中进行

分析其欲望

推测其内心，掌
握其内在心理

隐蔽地运用这些
信息做出应对

就像渔翁投下钓钩、鱼饵，
悄然等待鱼儿上钩

【经典原文】

摩之符也。内符者，揣之主也。用之有道，其道必隐。微摩之以其所欲，测而探之，内符必应；其应也，必有为之。故微而去之，是谓塞窌、匿端、隐貌、逃情，而人不知，故成其事而无患。摩之在此，符之在彼。从而应之，事无不可。

古之善摩者，如操钓而临深渊，饵而投之，必得鱼焉。故曰："主事日成而人不知，主兵日胜而人不畏也。"圣人谋之于阴，故曰"神"；成之于阳，故曰"明"。所谓"主事日成"者，积德也，而民安之，不知其所以利；积善也，而民道之，不知其所以然；而天下比之神明也。主兵日胜者，常战于不争不费，而民不知所以服，不知所以畏，而天下比之神明。

其摩者：有以平，有以正，有以喜，有以怒，有以名，有以行，有以廉，有以信，有以利，有以卑。平者静也，正者直也，喜者悦也，怒者动也，名者发也，行者成也，廉者洁也，信者明也，利者求也，卑者谄也。故圣人所独用者，众人皆有之，然无成功者，其用之非也。

故谋莫难于周密，说莫难于悉听，事莫难于必成；此三者摩，然后能之。故谋必欲周密，必择其所与通者说也。故曰："或结而无隙也。"夫事成必合于数，故曰："道数与时相偶者也。"说者听必合于情，故曰："情合者听。"故物归类：抱薪趋火，燥者先燃；平地注水，湿者先濡。此物类相应，于势譬犹是也，此言内符之应外摩也如是。故曰："摩之以其类，焉有不相应者？"乃摩之以其欲，焉有不听者，故曰'独行之道'。夫几者不晚，成而不抱，久而化成。"

【通俗译文】

所谓"摩"是一种与"揣情"相类似的方法。内心活动是"揣"的对象。进行"揣情"时，有"揣"的规律可依，而这些规律却是隐而不现的。适当地去"摩"时，要根据对方欲望投其所好进行测探，其内情就会通过外部形象反映出来。内在的感情要表现出来，必然要有所作为，这就是"摩"的作用。在"揣摩"之后，要适当地离开对方，像把地窖盖上一样隐藏起来，消除痕迹，伪装外表，回避实情，使人无法知道是谁办成的这件事。这样，办成了事，却不会留祸患。在此处"揣摩"对方，而要在另一处，观察对方表现，顺应事物规律，使我方"揣摩"能在对方应验，则办事无所不成。

古代善于"摩"的人，就像拿着钓钩到水潭边上去钓鱼一样。只要把带着饵食的钩投入水中，就一定可以钓到鱼。所以说，主办的事情一天天成功，却没有察觉；指挥的军队日益压倒敌军，却没人感到恐惧（才是高明的）。圣人谋划什么行动总是在暗中进行的，所以被称为"神"；而办事成功都显现在光天化日之下，所以被称为"明"。所谓"主事日成"的人是暗中积累德行，老百姓安居乐业，却不知道为什么会享受到这些好处，他们还在暗中积累善行，老百姓生活在善政中却不知道为什么会有这样的局面。人们把"谋之于阴，成之于阳"的政治策略称为"神明"。那些指挥军队而日益压倒敌人的统帅，坚持不懈地与敌军对抗，却不去争城夺地，消耗人力物力，老百姓也不知道为何敌国拜服，也不知道什么是恐惧。为此，普天下都称"谋之于阴，成之于阳"的军事策略为"神明"。

在实施"摩"时，有用和平进攻的，有用正义征服的，有用娱乐麻痹的，有用愤怒激励的，有用名望威吓的，有用行为逼迫的，有用廉洁感化的，有用信誉说服的，有用利害诱惑的，有用谦卑争取的。和平就是宁静，正义就是刚直，娱乐就是喜悦，愤怒就是威吓，名望就是声誉，行为就是实施，廉洁就是干净，信誉就是清明，利益就是求取，谦卑就是谄媚。所以，圣人所施用的"摩"之术，平常人也都可以具有，然而没有能运用成功的，那是因为他们运用不当。

因此，谋划策略，最困难的就是周到缜密；进行游说，最困难的就是让对方全部听从自己的主张；主办事，最困难的就是必办成功。这三个方面只有成为圣人才能胜任。所以说谋划必须周到缜密，游说要选择与自己观点相通的对象。所以说："办事情要稳健，无懈可击。"要想使所主持之事取得成功，必须有适当的方法。所以说："客观规律是与天时互相依附的。"进行游说的人必须使自己的说辞合于情理，合情合理才有人听。世界上万事万物都有各自的规律。好比抱着柴草向烈火走去，干燥的柴草就首先着火燃烧；往平地倒水，湿的地方就要先存水。这些都是与事物的性质相适应的。以此类推，其他事物也是这样的。这就是"内符"与"外摩"相适应的道理。所以说按照事物的不同特性来实施"摩"之术，哪有不发生反应的呢？根据被游说者的欲望而施行"摩"之术，哪有不听从游说的呢？所以说只有圣人能实行揣摩之术。大凡通晓机微的人都会把握好时机，有成绩也不居功，天长日久就一定会取得成功。

【谋略精要】

1. 塞窌、匿端、隐貌、逃情，而人不知

"故微而去之，是谓塞窌、匿端、隐貌、逃情，而人不知。故能成其事而无患。摩之在此，符之在彼。从而应之，事无不可。"就是要告诉我们，要秘密地符合对方，就需要巧妙地隐藏自己的想法，不能轻易暴露自己的真实意图，在符合别人观点的前提下，揣摩对方的心境，只有这样，事情办成之后才不会留下后患，这也是"揣摩"的高明之处。

"揣情""摩意"，常常因机而发，顺情而得。当人们明确自己的行为目的之后，即可择法而行之。而"摩"的行为方式也是有一定规律的。高明的"摩"者，善于独立思考，能辨明对方的内心欲求。能够正确把握对方的内心，利用智慧来将对方说服，完全按照自己的计划行事，这的确不是易事。然而物以类聚，人以群分，如果遵循相应的规律，从不同的思维角度去认识它，反复思量，不断探索，则往往能够驾驭他人，驾驭天下。

例如，皇帝身边如果有奸人，国家大事会常被他们干扰。要整肃国政的话，就必须清除这些奸人，这叫"清君侧"。但是，如果直接提出让皇帝赶走他身边最信赖的人（奸人往往都能够得到皇帝的信赖），不但不会成功，而且还可能会招来杀身之祸。这时，就需要你隐藏自己的真实意图，通过巧妙的方式来达到自己的目的。

宋真宗时的王钦若是有名的奸相，为人阴险奸诈，而又善于

逢迎献媚，深得真宗信任。 他常常在真宗面前进谗言，中伤其他正直的人士。 而被中伤者却为他的假心假意所蒙蔽，多数不知自己已被他所中伤。

契丹进犯北宋时，王钦若借口局势危急，力劝宋真宗向江南逃跑，到他的老家去建立小朝廷。 寇准以其惊人的胆识和指挥若定的雄才，坚决挫败了王钦若的逃跑计划，力劝宋真宗亲征，直抵前线。 王钦若也跟随宋真宗到了前线，仍旧在宋真宗面前叨咕这，叨咕那，事事掣肘寇准，干扰他抗击契丹的军国大计。寇准一直在捕捉机会，想把这个奸臣从真宗身边赶走，以清君侧。

有一天，真宗正在为人事安排发愁。 他对寇准说："现在，契丹直逼城下，天雄军被隔绝在敌后。 天雄军若有不测，河朔全境便会落入敌手。 你看，该让谁去镇守呢？"寇准回答说："当前这种形势下，没有什么妙计可施。 古人说，智将不如福将。 参知政事王钦若仕途顺利，长得白白胖胖，真是福星高照。 让这样一位有名的福将去镇守的话，定会吉人天相，可保万无一失。"

真宗历来看重王钦若，今天难得寇准也这样看重他，心中特别高兴，便欣然同意寇准的意见，命令寇准草拟诏书，通知王钦若上任。 当寇准把真宗的旨意传达给王钦若时，王钦若吓得脸色惨白，说不出话来。 他原本是个胆小鬼，只会溜须拍马，挑拨离间，哪有深入敌后去固守孤城的本领？ 此去准是白白送死。

寇准见他可怜兮兮的模样，便对他说："国家危急，皇上亲自挂帅出征，你是皇帝一贯倚重的执政大臣，现在正宜体贴皇上心意，为国效力。"并说："护送你上任的部队已经集合待命，皇上指示免去了上朝告辞的礼节，让你马上出发，不可耽误军机。"说罢，举杯为王钦若钱行，祝他早日奏凯归来。

王钦若没办法，只得硬着头皮去上任。他来到驻地一看，田野全是契丹兵，王钦若哪有退敌良谋，只好堵死城门，固守待毙。

赶走王钦若后，宋军上下齐心，一致对敌，迫使契丹退兵求和，解除了宋朝开国以来最大的一次军事危机。天雄也因契丹撤军而得以解围。

2. 饵而投之，必得鱼焉

鬼谷子说："古之善摩者，如操钓而临深渊，饵而投之，必得鱼焉。故曰：'主事日成而人不知，主兵日胜而人不畏也。'"大意是古代善于运用"摩"术的人，就如同拿着钓钩到水边钓鱼一样。只要把鱼饵投下去，就一定可以钓到鱼。所以说，他主办的事情日益成功，而人们仍不知他是如何成功的；他指挥的军队日益压倒敌军，而人们仍不知战争的可怕。

三国时代，蜀将关羽围困魏地樊城、襄阳时，曹操想迁都，以此避开关羽的锋芒。司马懿和蒋济力劝道："刘备和孙权表面上联盟，其实疏远。关羽得意，是孙权不愿意看到的。可以派人劝孙权攻击关羽的后方，并答应把江南一些地方分给孙权，则樊城的包围自然可以解除。"曹操用了他们的计谋，关羽终于兵败麦城，被东吴俘虏。

接下来是关于我们大家都熟知的纪晓岚巧答乾隆皇帝的故事。

纪晓岚是翰林院大学士，能言善辩，机智过人，被誉为"铁齿铜牙"。

有一天，纪晓岚陪乾隆在御花园里散步。乾隆忽然问纪晓岚："纪爱卿，忠和孝到底应该怎么解释呀？"

纪晓岚答道："君要臣死，臣不得不死，此为忠；父要子亡，子不得不亡，此为孝。"

乾隆一听，说："我现在以君王的身份，要你立刻去死！"

"这——"纪晓岚慌乱了一下，随即想出一个好主意，便说："臣遵旨！"乾隆于是好奇地问："那你打算怎样死？"

纪晓岚显得又害怕、又紧张地小心回答："跳河。"

乾隆一挥手，说："好！你现在就去跳吧！"等纪晓岚走后，他便在花园里踱着步，心想纪晓岚将会如何渡过这道难关。

不一会儿，纪晓岚便跑了回来。乾隆很奇怪，就板起脸来问道："纪爱卿，你怎么还没有去死呢？"

纪晓岚说："我刚刚走到河边时，不料碰到了屈原，他不让我跳河寻死。"

乾隆感到更加奇怪了："你这话是什么意思？"

"刚才我站在河边，正想跳下去。河里突然涌起了一个大漩涡。好像要有东西从水里冒出来一样。我一看，竟从中出来了一个人——投江自沉的楚国忠臣屈原。"纪晓岚一板一眼地说。

"真的吗？那他对你说了些什么呢？"乾隆明知他故弄玄虚，但仍想看看他如何作答。

纪晓岚不慌不忙地回答道:"屈原指着我问为什么要跳河,我就把刚才皇上要臣尽忠的事情告诉了他。他说:'这就不对了!当年楚王是昏君,我不得不跳河。可是我看当今皇上是个圣明之人,不应该再有忠臣要跳河啊!你应该赶紧去问问皇上,他是不是也是昏君?如果他自认是,那时我们再做伴也不迟!'因此臣只得跑回来。"

乾隆听了,忍不住哈哈大笑:"好一个巧舌如簧的机智人物!朕算服你了。"

乾隆本想以"君叫臣死,臣不得不死"来为难纪晓岚,却没想到纪晓岚将计就计,以碰到屈原为饵下了钩。如果乾隆确实让其投河,就证明了他的昏庸;如果就此作罢,那为难纪晓岚的计谋就以失败告终。权衡利弊,乾隆也只能暗自认输。

使用"以饵投鱼"策略,能够巧妙地蒙骗住对方,借给对方一定的利益之机,使自己获得更大的利益,这在经济生活中经常碰到。

里力是美国一家口香糖公司的老板。一天,他突然对电话发生了兴趣,一个人坐在办公室里拿着纽约的电话簿悉心研究。

女秘书问道:"里力先生,你在研究什么?"

里力说:"我在研究口香糖的促销策略。现在已有了眉目,你去把各办公室的人都叫到会议室!"

原来,这个公司生产的口香糖尽管品质优良,包装精美,价格适宜,但在市场上并不畅销。原因很简单,它是新牌子,并不为人们熟悉。所以,里力准备采取"先尝后买"的推销方法。

各办公室的工作人员很快到了会议室。里力对他们说："我已调查过，纽约共有 150 万户居民，我打算每户居民赠送 4 块口香糖。"

生产部门的负责人说："那需要 600 万块口香糖，仓库里有现货。"

"不，还要继续准备。"里力说，"我们要赠送一段时间，使人们对我们的产品留下深刻的印象。"

生产部门遵命去做准备了。里力又对储运部门的负责人说："请各位按电话号码簿的地址，开列收糖人的姓名和地址，邮寄口香糖。"全体工作人员便整整忙了一天。

第二天，纽约各家各户不约而同地接到了里力公司赠送的口香糖，于是外出的孩子都边嚼着里力公司生产的口香糖，边吹着泡泡，一个个成了"活广告"。

隔了一天，孩子们又收到里力公司的礼品。日复一日，大家吃里力口香糖已习以为常了。这时，里力公司的口香糖不再寄来了，人们只好到各个店家去买这种口香糖。就这样，里力口香糖一下就占领了市场，成为孩子们必不可少的糖果。

"先尝后买"这种"以饵投鱼"的经营方式，并非里力的独创，但使用得如此巧妙，声势如此之大，效果如此之好，却是里力的独特之处。

3. 谋之于阴，成之于阳

鬼谷子阐释了"摩"之术的具体方法，即"谋之于阴，成之于阳"。

"摩"之术的运用必须讲究技巧，为了顺利实现"摩"之目标，就不能暴露任何蛛丝马迹。要做到这一点，往往就需要采取"声东击西"的方法。

"声东击西"，是一种忽东忽西、即打即离、制造假象、造成错觉、乘机歼灭敌人的战法。唐朝杜佑在其所著《通典》中说："声言击东，其实击西。"在我国古代兵书中，有关"声东击西"的论述是十分丰富的。《孙子兵法·势篇》有"故善动敌者，形之，敌必从之"。《淮南子·兵略训》指出："将欲西，而示之以东。"《百战奇略·声战》："声东而击西，声彼而击此，使敌人不知其所备。则我所攻者，乃敌人所不守也。"《三十六计》则将"声东击西"作为胜战谋略的第六计。这一谋略的核心在于我方通过佯动、伪装攻击方向，以造成敌人的错觉，吸引与分散敌军的兵力，打乱敌人的既定部署，保证真正找准自己的进攻方向，实现出奇制胜的目的。当然，这里的"声"与"击"并不局限在东、西两面，而是可以指任何两个不同的方向、路线、目标和对象，包括南北、前后、左右等。总之，是指声言进攻或佯动一面而实际进攻另一面的策略。

声东击西关键在于"声东"能够成功。历史上，不乏战争的一方因"声东"失策而导致此谋略未能奏效的例子。这就要求人们能够采取灵活机动的战术，巧妙地制造假象，假戏真唱，惟妙惟肖，促使对手的意志发生混乱；否则，就无法达到预期的目的。同时，应该看到，声东是关键，击西是目的。没有声东的掩护，击西难以得逞。 在击西时要迅速出击，打击有力，一举成功。 如果不能做到这样，一旦敌方发现自己受到蒙骗，就会迅速重新调整兵力部署，以阻挡真正方向的进攻，这样，"击西"的难度就会大增，严重时还可能功亏一篑。

西汉景帝时，吴楚七国叛乱，派重兵围困汉将周亚夫坚守的城池。 叛军百般辱骂挑战，周亚夫坚不与战。 当叛军向城东南角落发起进攻时，周亚夫立即命令自己的军队加强西北方向的守备。 很快，叛军便使用主力进攻城西北。 由于周亚夫早有防备，叛军的阴谋归于失败。

可见，在使用此计时，保密与主动是处事的最高手段，不保密的等于自己不设防；被动则处处受牵制。 不管在战场、商场或政治舞台上，声东击西之计都时时可见，处处可用，花样很多，只不过是有的利用得好，干得很漂亮，有的使用不当，反而弄巧成拙罢了。

4.圣人独用

"其摩者：有以平，有以正，有以喜，有以怒，有以名，有以行，有以廉，有以信，有以利，有以卑。 平者静也，正者直也，喜者悦也，怒者动也，名者发也，行者成也，廉者洁也，信者明也，利者求也，卑者谄也。 故圣人所独用者，众人皆有之，然无成功者，其用之非也。"

在这里，鬼谷子阐述了实施"摩意之术"的手段。 即要恰当地运用"摩意之术",就需要掌握好"平正""喜怒""名行""廉信""利卑"等手段。

"平",就是要让自己表现出心平气和且没有任何的追求和奢望,要让别人觉得一切都是那么的顺其自然、顺理成章,没有丝毫的歪理存在。

"正",就是要让自己本身的正气体现出来,不存在任何的私心与杂念,毫不利己,专门利人,只有这样才不会引起他人的抵触与反感。

"喜",就是做的事情要完全是对别人有益处的好事,这样才能讨得对方的欢心,而不至于被拒绝。

"怒",就是当感情交流到某一程度时,将他人不高兴的事情披露出来,让其怒不可遏,在对方不能自控的时候,便可以捕捉到变化的征兆了。

"名",就是当捕捉到变化的征兆之后,就要马上制定出相应的应变策略,然后告诉其功过是非、成败利害,再观察变化征兆,最后再制定应变策略。

"行",就是说当事情已经发展到可以实施谋略的某种程度时,就要不失时机地大胆实施。

"廉",就是在实施谋略的过程中,要表现出完全是为了他人着想,而不是为了一己私利,要让别人自始至终都觉得自己永远是廉洁无私的。

"信",就是要自始至终都诚实守信,言必信,行必果。

"利",就是从始终围绕"让别人获得好处"这个宗旨出发,让别人无法抗拒利益的诱惑。

"卑"，就是在别人面前要谦虚低调，不要锋芒毕露，争强好胜。

　　以上阐述的手段，似乎众人皆知，但实施起来往往是件不易之事，如果运用不得当，则会适得其反，导致失败。

权　篇

权　篇

　　"权"，是度量权衡的意思。　这是进行游说活动所采用的根本方法之一。　在本篇中，鬼谷子全面阐释了"权"术的原则和方法。　他认为，对游说对象的度量乃游说之本。　通过对方的言谈，可权衡出对方的智能、品性和欲望，找出其弱点作为游说的突破口，以实现自己的游说意图。　要做到这一点并不容易。游说者不但要耳聪目明、智慧超人，还要拥有杰出的语言表达能力。

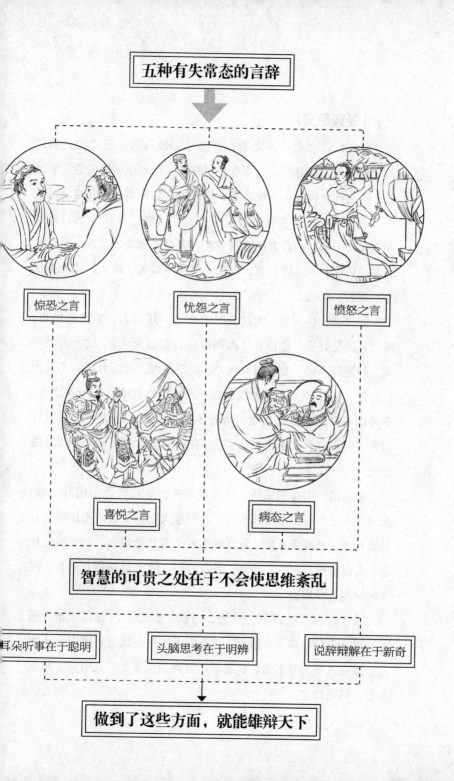

五种有失常态的言辞

惊恐之言

忧怨之言

愤怒之言

喜悦之言

病态之言

智慧的可贵之处在于不会使思维紊乱

耳朵听事在于聪明

头脑思考在于明辨

说辞辩解在于新奇

做到了这些方面，就能雄辩天下

【经典原文】

说者，说之也；说之者，资之也。饰言者，假之也；假之者，益损也。应对者，利辞也；利辞者，轻论也。成义者，明之也；明之者，符验也。难言者，却论也；却论者，钓几也。佞言者，谄而于忠；谀言者，博而于智；平言者，决而于勇；戚言者，权而于信；静言者，反而于胜。先意成欲者，谄也；繁称文辞者，博也；策选进谋者，权也。纵舍不疑者，决也；先分不足而窒非者，反也。

故口者，机关也，所以关闭情意也。耳目者，心之佐助也，所以窥间见奸邪。故曰："参调而应，利道而动。"故繁言而不乱，翱翔而不迷，变易而不危者，观要得理。故无目者，不可示以五色；无耳者，不可告以五音。故不可以往者，无所开之也；不可以来者，无所受之也。物有不通者，故不事也。古人有言曰："口可以食，不可以言。"言有讳忌也。众口铄金，言有曲故也。

人之情，出言则欲听，举事则欲成。是故智者不用其所短，而用愚人之所长；不用其所拙，而用愚人之所工，故不困也。言其有利者，从其所长也；言其有害者，避其所短也。故介虫之捍也，必以坚厚；螫虫之动也，必以毒螫。故禽兽知用其所长，而谈者知用其所用也。

故曰辞言五：曰病、曰怨、曰忧、曰怒、曰喜。故曰：病者，感衰气而不神也；怨者，肠绝而无主也；忧者，闭塞而不泄也；怒者，妄动而不治也；喜者，宣散而无要也。此五者，精则用之，利则行之。

故与智者言，依于博；与博者言，依于辩；与辩者言，依于要；与贵者言，依于势；与富者言，依于高；与贫者言，依于利；与贱者言，依于谦；与勇者言，依于敢；与过者言，依于锐，此其术也，而人常反之。是故与智者言，将此以明之；与不智者言，将此以教之，而甚难为也。故言多类，事多变。故终日言，不失其类，故事不乱。终日不变，而不失其主，故智贵不妄，听贵聪，智贵明，辞贵奇。

【通俗译文】

所谓"游说"就是对人进行劝说。对人进行游说的目的，就是说服人。游说者要会粉言饰词，用花言巧语来说服他人。借用花言巧语说服别人，要会随机应变，有所斟酌。回答他人的问话，要会用外交辞令。所谓机变的外交辞令是一种轻俏的言辞。具有正义与真理价值的言论，必须要阐明真伪；而阐明真伪，就是要验证是否正确。责难对方的言辞，是反对对方的论调，持这种论调时，是要诱出对方心中的机密。说着一些奸佞之话的人，会因谄媚而显得忠诚。说着奉承话的人，会因吹捧对方而显得有智慧。说着一些平实之话的人，由于果决而显得勇敢。说忧愁话的人，由于握着权，而显得有信用，而说稳重话的人，却由于能反抗而胜利。用华美的词藻来鼓吹欲望者，就是谄媚。用夸大与吹嘘来进献谋略，博取上司欢心的人，就是揽权者。前后进退而不犹疑者，就是果决的人。自己不对而又指责他人过错的就是反抗者。

一般说来，"口"就是人的"政府机关"，用它来封锁、宣传信息。耳目，就是心的辅助器官，用它来侦察奸邪。所以说，只要（口、耳、目）三者相互呼应，就会走向成功。一般说来，虽有繁琐的语言并不纷乱，虽有翱翔之物并不迷惑人，虽有局势的变化并不危险，就是要在观物时，掌握要害。由此可知，没有眼睛的人，没有必要拿五色给他们看；同理，没有耳朵的人，没必要让他们听五音；所以不可以去的地方，不必让他们去；不可以来的人，也没有必要接受他们；有些行不通的事，就不要办。古人有言，说："嘴可以吃饭，不可以说话。"说的是讲话是有忌讳的。警惕人言可畏，那是可以把事实歪曲的。

人之常情，只要自己说出话，就希望有人听，只要办事情就希望能成功。所以一个聪明人不用自己的短处而用愚者的长处。不用自己的笨处而用愚人的长处，这样就使自己永远不会陷于窘迫。说到有利的一面，就要发挥其长处；说到有害的一面，就要避其短处。因而，甲虫防卫，是用其坚硬的甲壳。而毒虫行动，一定用那有毒的螫子。连禽兽都知道用自己的长处，何况进谏的人，更应该会用游说术了。

所以说，在外交辞令中有五种情况：一是病态之言，二是幽怨之言，三是忧郁之言，四是愤怒之言，五是喜悦之言。一般说来，病态之言是神气衰弱，说话没精神。幽怨之言是伤心痛苦，没有主见。忧郁之言是心情郁结，不能畅言。愤怒之言是轻举妄动，不能控制自己的话。喜悦之言是说话自由散漫，没有重点。以上这五种外交辞令，精要者可以使用，有利者可以付之实行。

所以与智者谈话，就要以渊博为原则；与博者说话，要以强辩为原则；与善辩的人谈话，要以简要为原则；与高贵的人谈话，要以鼓吹气势为原则；与富人谈话，要以高雅潇洒为原则；与穷人谈话，要以利害为原则；与卑贱者谈话，要以谦恭为原则；与勇敢的人谈话，要以果敢为原则；与上进者谈话，要以锐意进取为原则，这些都是与人谈话的原则。然而不少人却常常背道而驰。所以，与聪明人谈话时，就要让他明了这些方法，与笨人谈话时，就要把这些方法教给他。然而事实上很难做到。所以说谈话有各种方法，所论事情会不断变化。（掌握这些）终日谈论，也不会把事情搞乱。事情不断变化，也不会失其原则。故就智者而言重要的是要不乱不虚，听话善辨真伪，聪颖则善断是非，出言要变化莫测。

【谋略精要】

1. 饰言，应对，成义，难言

本文一开篇，鬼谷子首先讲述了游说的目的。"说者，说之也；说之者，资之也。"游说的目的就是要说服对方，而说服对方的目的是要从对方那里有所收获，得到自己想要的东西。

接着，他讲述了游说的基本方式。由于说服对象不同，目的也不同，形势环境也不同，游说也存在不同的类型，以适应对方的情况。分别是"饰言"（修饰言辞、注意语言的增删）、"应对"（回答别人问话，言辞简洁）、"成义"（言辞成理，辨明真伪）、"难言"（双方意见不合时诘难对方）四种。饰言，是为了避开心理阻力而采用修辞和逻辑手段，或运用寓言等旁敲侧击，晓谕对方，以改变其思维方式和行为趋势。应对，在论辩、外交、礼仪场合、观点争论中要求简洁、准确、有力地回答对方的问题，语言明快，对答如流才能制服对方。成义，提出主张，说明道理，要求观点鲜明，论述清楚，并要有事实证据，才会有说服力。难言，提示对方语言逻辑的漏洞、观点上的错误，从而挫其锐气达到否定对方观点的目的，使对方不得不接受自己的主张，有时候则是为了诱使对方暴露深层的思想。

苏秦是鬼谷子门徒，善于游说。他曾以一席话换来十座城。由此可知纵横术的价值。

秦惠王将女儿嫁给燕国太子。这一年恰巧燕文侯去世，太子继位。齐宣王就趁燕国国丧出兵攻燕，占据了十座城。

燕王对苏秦说："当初你来到燕国，我父亲帮你，使你见到赵王，才完成六国合纵的大业。如今齐国却先攻打赵国，然后又攻打燕国。你主持六国合纵的大业，天下都在笑你。你能为燕国取回齐国侵占的土地吗？"

苏秦很惭愧地说："请让我为大王效劳。"

苏秦去见齐王。一拜再拜，先低头庆贺，然后仰头哀悼。齐王说："怎么一下子庆贺，一下子又哀悼呢？"

苏秦说："我听说饥饿的人之所以不吃乌头（一种可入药的有剧毒的块根作物），是因为吃了与饿死没有两样。现在燕国虽然弱小，燕王却是秦王的女婿。您得了燕国的十座城值得庆贺，但隐藏着祸。因为大王贪图燕国十座城，却与强大的秦国结仇；让燕国成为秦国的伙伴，秦国成为燕国的后盾，这样招来天下的精兵，这不等于是饥饿的人吃乌头一般吗？"

齐王说："那该如何是好呢？"

苏秦说："我听说，古时候善于处理事务的人，能转祸为福，反败为胜。大王如果真听我的，就立刻归还燕国的十座城。燕国想不到能回收十座城，一定十分高兴。秦王如果知道因为秦国的关系而归还燕国的城，也一定高兴。这样齐国少了仇人而得到知交。 而一旦燕和秦都臣服了齐国，那么大王号令天下，谁敢不从？ 这是大王用空话附和秦国，而用十座城取得天下。 此乃完成您称霸的大业。"

齐王说："好啊！"

于是齐国就把十座城归还给燕国了。

其实，当今的推销行业是和劝说之道分不开的，推销无非劝谏客户接受自己的商品或服务。 孔子说过："言不顺，则事不成。"在销售行业中，如何与客户有效地交谈是一项很重要的商业技能，这就需要借鉴古代智者的劝谏之道。

一次，林经理请客户小王吃饭，由于客户小王与客户小谢关系很好，于是便一起邀来吃饭。

席间，林经理夸夸其谈，说自己的公司如何大，自己的本事如何高，又如何会做生意，等等。 而客户小谢是个性情中人，当林经理说到"没有我搞不定的客户"时，小谢一拍桌子，指着林经理说道："你要是这样说的话，那你就肯定搞不定我！"果不其然，林经理至今也没将客户小谢搞定。

这位林经理不是没有能力，而是忽略了说话的细节，"没有我搞不定的客户"是一句具有挑衅意味的话，直白而盛气凌人，结果造成了不必要的损失，这种例子实在应该引以为戒。

客户是上帝，甚至是被宠坏的上帝，在与客户交谈时，注意说话的策略就显得尤为重要，因为你的每一句话都会使客户产生不同的心理反应。 要让别人知道，自己所说的每一句话都是经得起推敲和验证的，都是一心一意为了"他好"，经过不动声色地诱发"变化"、引导"变化"来朝着对我们有利的方向发展，从而最终达到预期的目的。

2. 佞言，谀言，平言，戚言，静言

在阐述了游说的目的和基本方式之后，鬼谷子进而论述了运用语言游说的技巧，有五种：佞言、谀言、平言、戚言和静言。佞言是在游说过程中，顺着对方的心理需要，强调共同点，采用花言巧语，讨好对方，取得对方信任使对方接受自己的观点；谀言是引经据点，纵横健谈，来显示自己的知识渊博，采用不实之词褒奖对方，来取信对方；平言是指采用平实公正的言辞，以果断不疑的方式增强言语的严肃性；戚言是有意识地采用忧患的言辞，通过权诈的方式来显示自己了解对方的想法，并善于权衡得失，善于进谋；静言是采用稳重沉着的言辞，以退为进的方式来取得游说的胜利。

佞言、谀言其实就是奉承话。自古以来，对于喜欢说奉承话的谄媚之徒，人们一般都比较反感。但是奉承话有时并不是毫无用处。赞美的语言永远是人际关系的润滑剂，现代紧张枯燥的生活中，赞美的语言可以缓解一个人紧张的神经，给生活带去一份美丽。赞美话让人自信，但如何来说好赞美话，就要看自己如何把握了。

罗杰斯是某皮革公司的销售经理，一次，他向客户介绍完他们的一种新产品后，微笑着问对方："您认为我们公司的产品如何？""啊，我非常喜欢，但是我想它是非常贵的，我应该为它付出一个非常高昂的价格，在您之前我就听说过。"罗杰斯微笑着说，"看来您是一个非常有贸易经验的人，而且懂得皮革和兽

皮。您猜想它的成本是多少？"那人受到赞美，回答说他认为可能是45美分1码。"您说得对。"罗杰斯用惊奇的眼光看着他说，"我不知道您是怎样猜到的。"结果，罗杰斯以45美分1码的价格获得了他的订货单，双方对事情的结果都很满意。而罗杰斯绝不会告诉他的客户，公司最初给产品的定价是39美分1码。

在生意场上，赞美话有说不尽的妙用。在销售产品的过程中，适当地赞美别人，让别人觉得他自己很聪明，就可能做成生意。罗杰斯的故事就告诉了我们这一点。

在现代商业社会中，为了争取更大的利益或避免更大的损失，有时难免要有一番唇枪舌剑。善于灵活运用各种语言技巧的人，无疑会占据先机。

3. 此其术也，而人常反之

鬼谷子认为，与智者、博者、辩者、贵者、富者、贫者、贱者、勇者这些不同类型的人交谈，所使用的方式是截然不同的。现实生活中，说话不光要看一个人的贫贱、富贵、智拙，还要根据他的生活环境、性格特征来综合考虑。

春秋时，孔子周游列国，走累了，在路上休息。他的马逃脱了束缚，吃了别人的庄稼，农民把马牵去了。子贡请求去说服那个农民，孔子同意了。子贡是当时著名的雄辩家，可他把什么话都说了，农民就是不理他那一套。有个刚刚跟随孔子学习的郊野之人，请求孔子让自己去。他对那个农民说："您不是在东海种地，我不是在西海种地，我的马怎么可能会不吃你的庄稼呢？"那农民很开心，对他说："说话都像你这么清楚就好了，怎么能像刚才那个人那样！"说完，解开马的缰绳就给了他。

不同生活背景和文化背景的人会有不同的思维定式，对于圈内的人来说，相互理解起来更容易；但对于圈外的人来说，却几乎无法沟通。因此，交谈之前要先了解对方，才能达到有效的沟通。

电话的发明人贝尔有一次来到他的朋友、大资本家许拜特先生的家里，希望他能够对他的新发明投点资。但他知道许拜特脾气古怪，向来对赞助电气事业不感兴趣。怎么能让他产生兴趣，并热心于对此投资呢？两人见面寒暄一阵之后，贝尔并没有立刻向许拜特解释他的发明，也没有说明预算和预期利润。他坐下来，轻松地弹起了客厅里的钢琴。弹着弹着，他忽然停了下来，对许拜特说："你知道吗，如果我踏下这块脚板，向这钢琴唱一个声音，这钢琴便会跟着我学。譬如我唱一个 DO！这钢琴便会应一声 DO！你看这事有趣吗？"许拜特放下手中的书本，好奇地问："这是怎么回事？"于是，贝尔详细对他解释了一些科学原理。结果，许拜特非常乐意为贝尔提供一部分实验经费，令贝尔如愿以偿。

谋 篇

谋　篇

　　"谋"是"计谋"，意思是施展谋略计策，本篇的主旨是如何针对不同的人或事去设立和使用计谋，以达到自己的目的。在谋略的运用中，除了掌握技巧方法外，还应懂得公开运用不如暗中实施、遵循常理不如出奇制胜，因为谋的目的在于控制游说对象，而不是受制于人，使自己在对方出乎意料、不知不觉中便达到目的。　这才是运用智谋的高明之处。

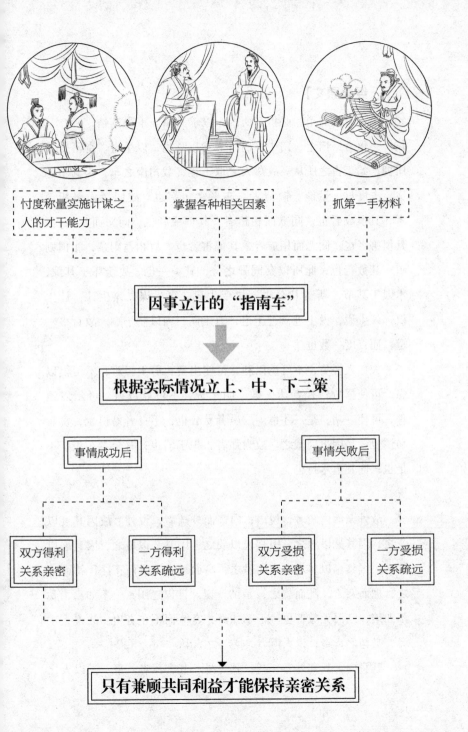

忖度称量实施计谋之人的才干能力

掌握各种相关因素

抓第一手材料

因事立计的"指南车"

根据实际情况立上、中、下三策

事情成功后

事情失败后

双方得利
关系亲密

一方得利
关系疏远

双方受损
关系亲密

一方受损
关系疏远

只有兼顾共同利益才能保持亲密关系

【经典原文】

为人凡谋有道,必得其所因,以求其情。审得其情,乃立三仪。三仪者,曰上、曰中、曰下。参以立焉,以生奇。奇不知其所拥,始于古之所从。故郑人之取玉也,载司南之车,为其不惑也。夫度材、量能、揣情者,亦事之司南也。故同情而俱相亲者,其俱成者也;同欲而相疏者,其偏成者也;同恶而相亲者,其俱害者也;同恶而相疏者,其偏害者也。故相益则亲,相损则疏,其数行也,此所以察同异之分,其类一也。故墙坏于其隙,木毁于其节,斯盖其分也。故变生事,事生谋,谋生计,计生议,议生说,说生进,进生退,退生制,因以制于事。故百事一道,而百度一数也。

夫仁人轻货,不可诱以利,可使出费;勇士轻难,不可惧以患,可使据危;智者达于数,明于理,不可欺以诚,可示以道理,可使立功;是三才也。故愚者易蔽也,不肖者易惧也,贪者易诱也,是因事而裁之。故为强者,积于弱也;有余者,积于不足也;此其道术行也。

故外亲而内疏者,说内;内亲而外疏者,说外。故因其疑以变之,因其见以然之,因其说以要之,因其势以成之,因其恶以权之,因其患以斥之。摩而恐之,高而动之,微而正之,符而应之,拥而塞之,乱而惑之,是谓计谋。计谋之用,公不如私,私不如结,结而无隙者也。正不如奇,奇流而不止者也。故说人主者,必与之言奇;说人臣者,必与之言私。

其身内,其言外者,疏;其身外,其言深者,危。无以人之所不欲而强之于人；无以人之所不知而教之于人。人之有好也，学而顺之；人之有恶也，避而讳之，故阴道而阳取之也。故去之者，纵之；纵之者，乘之。貌者不美又不恶，故至情托焉。可知者，可用也；不可知者，谋者所不用也，故曰："事贵制人，而不贵见制于人。"制人者握权也，见制于人者制命也。故圣人之道阴，愚人之道阳；智者事易，而不智者事难。以此观之，亡不可以为存，而危不可以为安，然而无为而贵智矣。智用于众人之所不能知，而能用于众人之所不能见。既用，见可，择事而为之，所以自为也；见不可，择事而为之，所以为人也。故先王之道阴，言有之曰："天地之化，在高与深；圣人之道，在隐与匿。非独忠、信、仁、义也，中正而已矣。"道理达于此义者，则可与言。由能得此，则可与谷远近之义。

【通俗译文】

凡是遵循一定的法则去筹划计策，必须查明事情的原委，以探得实情。要想得到对方实情，就需确立"三仪"。所谓"三仪"就是上智、中才、下愚。此三者互相参验，就能定出奇谋。这样产生的奇谋，拥有无所不到的威力，然而也不过是遵循古代的哲理而形成的。据说，郑国人入山采玉时，都要开着指南车去，为的是不迷失方向。在考量才干能力、揣情度理方面也如同做事时要使用指南车一样。凡是观点相同、感情亲密的人一同谋事，大家都可以成功。凡是志向相同而感情疏远的人，办事之后只能部分人得利；凡是恶习相同，而又感情亲密的人，办事之后，一定是共同受害；凡是恶习相同，而又感情疏远的人，一定是在办事后，一部分人先受损害。所以说，想要互相都有利就必须密切关系。如果相互间受到损害，就要疏远关系。依此方法行事就可以判断事物的异同。这是有一定规律的。比如墙壁都是由于有裂隙才倒塌，树木是由于有疖疤才毁坏。这就是事物一般的规律啊！所以，事物不断变化，才能产生问题；因为要解决问题才需谋划；只有通过谋划才会产生计策。研究计策才能产生相应的方法；有了方法才能游说决策者，使前进，进而不通，再退一步，进退之中形成制度，以此制度解决现实中的问题。如此看来，万事万物的变化都是一个道理。控制万事万物也是同一法则啊！

一般说来，仁德的人不看重财货，不可以用物质引诱他们，却可以让他们提供财货。勇敢的人不能用危难去吓唬他们，却可以用他们解除危难。智慧的人有谋略通事理，不可以假装诚信去欺骗他们，却可以向他们讲明道理，让他们建功立业。这是三种人才啊！由此观之，愚昧的人是容易蒙蔽的，不肖之徒是容易被吓住的，贪婪的人就容易被引诱，所有这些都要根据具体情况来判断。然而，强者是由弱小的力量不断积累而变强大的；由于积累才使不足者成为富裕者。这就是道术反致的规律啊！

所以，表面上亲善而内心疏远的人要从内心入手去游说他；对于那些内心亲善而表面上疏远的人要从表面上入手去游说他。可以根据对方所疑惑的问题，来改变自己游说的内容；根据对方的表现来判断游说活动是否见效；根据对方的答辞来确定自己游说的要点，根据情势的变化来征服对方。根据对方的所厌进行权衡，确定利弊；根据对方所虑对之申斥，加以防范。揣摩之后对其施以恐吓；抬高对方之后，策化行动；削弱对方之后，加以扶正；验证对方真假后，再决定是否响应他；拥堵对方后，加以阻塞；搅乱之后，迷惑对方。这些就叫作计谋。说到运用计谋，公开者不如保密，保密不如结党，结党而内部没有矛盾。另外，正常的策略不如奇谋，施以奇策是无往不胜的。所以说，游说人主的时候，必须先与他谈奇策；同理，向人臣游说时，必须先与他谈私交。

虽然是自己人，却把家丑外扬，说着有利于外人的话，就会被人疏远。同理，他是外面人，却知道许多内情，也会有危险。不要把人家不喜欢的东西强加于人；不要把人家不懂的事，强教于人。如果对方有某种嗜好，可以迎合他的兴趣；如果对方厌恶什么，要加以避讳，以免引起反感。所以说，所进行的虽是阴谋，所得到的却是公开的获取。因而，想要除掉的人，可以放纵他，让他犯错，然后抓住机会除掉他。无论做什么事，在外表既不喜形于色，也不怒目相视，是感情深沉的人，可以以机密大事相托。对于能了解的人，可以任用他；对于一个不了解的人，一个有谋略的人，是不会重用他的。所以说，办事情最重要的是控制人，而不是被人控制，控制别人的人，手中握权；被人控制的人是被统治者。一般说来，圣人处世之道称为"阴"——谋略原则为隐而不露。愚人处世之道称为"阳"——谋略原则为大肆张扬。聪明智者，成事容易；而愚鲁的人成事困难。由此看来，一个国家灭亡了是难以复兴的，一旦国家动乱也难以安定。然而运用"无为"则是最高的智慧了。"无为"之智要运用在众人所不知、众人所不能见之处。如果在施用智谋之后发现了可行的迹象，就要见机行事，可做，自己就去做；如果发现不可以做，就要选择一些相应的事，让别人去做。所以，圣人能行的大道，都是属于"阴"隐而不露。古语说：天地造化在于高、深。圣人之道在于隐而不露。不单单要求忠诚、信守、仁慈、义理，主要是维护不偏不倚的正道。只有真正地认清这种道理的真谛，才能游说他人。如果双方都谈得很融洽，就可以发展长远的和目前的关系。

【谋略精要】

1.奇不知其所拥，始于古之所从

"为人凡谋有道，必得其所因，以求其情。审得其情，乃立三仪。"意思是说凡是筹划计谋都要遵循一定的法则。一定找准事情的突破口，以便推测出事情的真实情况。在制定谋略时，要洞悉事情发生及发展的原委，制订出三种谋略方案，然后根据"一切从实际出发""具体情况具体分析"的原则来确定最切实可行的应变对策，想出出奇制胜的绝招。

万事万物有因必有果，制定谋略就需以事物变化的起因为依据。任何谋略都由计策组合而成。计策中可分为"三仪"："上策""中策"和"下策"。如果事情对彼此都有利，就可以和睦相处；对彼此不利，就会疏远。这是一个普遍存在的规律，也是观察异同的办法，如果我们能够充分利用他们之间的微妙关系，那么制定出奇制胜的策略将不再是难事。

在这里，鬼谷子道出了出奇制胜的奥妙，"奇不知其所拥，始于古之所从"。正如《孙子兵法》所说："凡战者，以正合，以奇胜。故善出奇者，无穷如天地，不竭如江海。"出奇制胜，正是优秀将帅的追求。

齐湣王是个骄傲且贪图享乐的人，他统领的百姓生活苦不堪言。 于是作为齐国邻居的燕国便派大将联合另外几个国家一同进攻齐国。 齐国百姓对齐湣王痛恨极了，因此在敌军面前，齐国的士兵根本无心抗敌，士气也非常低落，结果齐国大败。 但是齐国百姓看到燕兵奸淫掳掠，想到国仇家恨，心里非常难过，于是逃往莒城和即墨，开始誓死抵抗。

燕军攻打多年，始终没将莒城攻下，只好转攻即墨城。 即墨城中的守军得知大将田单是位足智多谋的勇士，也很善于战略，于是齐国的百姓、士兵就将其推举为守城的大将军。 聪明的田单想出了一个叫"火牛阵"的新计谋，他先叫城内的商人拿着金银珠宝偷偷送到燕军将领手中，并且让他们假装投降，说："即墨城的守军兵力不足，即将投降，这些珠宝献给你们，请求大人您入城之后莫杀我们！"燕军一听，以为即墨城里已经准备投降，高兴之余便放松了警戒。

这时田单从城里搜集一千多头牛，并且将牛都披上五彩龙纹衣，双角绑尖刀，尾巴上绑草。 正当黑夜来临时，只见他一声令下，军士们立即点燃牛尾巴上的草，牛被火烫到之后，就拼命往前跑，冲入燕军驻地。 燕军从睡梦中惊醒，看到这一大群五彩怪兽，吓得惊慌失措，四处乱逃，不是死于牛印之下，就是葬于乱箭之中。 之后田单又乘胜追击，最后收复了被燕军占领的七十多个城邑。

大将田单采取"火牛阵"这样的奇计来打败敌人，真可谓出奇制胜。

楚汉争霸之际，韩信背水一战大破赵军。 在庆祝胜利的时候，将领们问韩信："兵法上说，列阵时应该背靠山，阵前可以临水泽，现在您让我们背靠水排阵，竟然取胜了，这是一种什么策略呢？"韩信笑着说："这也是兵法上有的，只是你们没有注意到罢了。兵法上不是说'陷之死地而后生，置之亡地而后存'吗？如果是有退路的地方，士兵早都逃散了，怎么能指望他们拼命呢？"

韩信精通兵法，但不囿于兵法，而是充分领会兵法之精华，将其融会贯通，最终达到出奇制胜的效果。

在毛泽东的军事生涯中，"四渡赤水"是其得意之笔。面对数十万国民党军队的围追堵截，毛泽东指挥红军来回穿插，忽东忽西，连战连捷。当时，红军受阻于云南的国民党军队。毛泽东出奇兵，下令袭击防备空虚的贵州。蒋介石此时正在贵州督战，在红军的猛烈攻击下，急忙调动最近的云南军队来支援。等援兵到达后，却根本找不到红军，蒋介石方知中计。此刻，红军已借蒋之手调出了云南军，顺利地进入了云南省，把几十万追兵甩在身后，跳出了包围圈，渡江而去。

"四渡赤水"创造的军事奇迹，正如《孙子兵法》上所说："水因地而制流，兵因敌而制胜。"看准对方虚弱的要害狠插一刀，远比正面硬碰硬高明多了。

2. 三才

世界上有三种人才，即：仁者、勇士、智者。仁者重视理想与信念，轻视财富与地位，即使是最具诱惑的利益摆在他们面前，他们也不为所动；勇士有着百折不挠的信念和坚忍不拔的意志，不会轻易被外来的压力和威胁所恐吓，即使是最具危险的事情他们也能如期完成；智者有着极强的逻辑思维，他们甚至一眼就能看穿一切不诚信的欺骗手段，如果对其晓以大义，必能立下盖世奇功。

"因人制宜"四字，在政治和军事较量中有重要意义。 在《三国演义》一书中，就有大量这样的例子。 三国时代的所有枭雄中，袁绍的出身是最尊贵的，"四世三公"的家世与声望，在当时确实是一块响亮的招牌，能够获得更多人的拥戴。 然而孔融和曹操都说袁绍是"冢中枯骨"。 历史上的"官渡之战"，曹操就是利用了袁绍的"志大而智小，色厉而胆薄，忌克而少威"等弱点，引袁绍轻举冒进，曹军则后撤筑垒设防，集中兵力坚守要隘。 结果在两军力量悬殊的情况下对峙数月，曹操寻找到抄其后路、焚其粮草的机会，终于打败了袁军，创造了以少胜多的经典战例。 而一度以织草鞋为生的刘备虽暂栖他人门下，却依然是曹操眼里的"英雄"。 曹操的知人，是他取得巨大成功的一个重要因素。

3. 计谋之用

"摩而恐之，高而动之，微而正之，符而应之，拥而塞之，乱而惑之，是谓计谋。 计谋之用，公不如私，私不如结，结而无隙者也。 正不如奇，奇流而不止者也。 故说人主者，必与之言奇；说人臣者，必与之言私。"意思是说：揣摩之后对之施以恐吓；抬高对方之后，策划行动；削弱对方之后，加以扶正；验证对方真假后，再决定是否响应他。 拥堵对方后，加以阻塞。搅乱之后，迷惑对方。 这些就叫作计谋。 说到运用计谋，公开者不如保密，保密不如结党，结党而内部没有矛盾。 另外，正常的策略不如奇谋，施以奇策是无往不胜的。 所以说，游说人主的时候，必须先与他谈奇策；同理，向人臣游说时，必须先与他谈私交。

鬼谷子还阐述了如何使计谋顺利实施的方法。 要想使计谋顺利实施，必须注意下面的顺序：用公事公办的方法，不如求之于私交；求之于私交，不如与人密谋；只有与人密谋的方法才可以做到无懈可击；用常规正统之法，不如用出奇制胜的"奇谋"。

4. 圣人之道，在隐与匿

鬼谷子认为，控制者，是拥有一定智慧的人；而被控制者，命运只能永远掌握在他人手里。 愚人运用智慧是大肆张扬的，而圣人运用智慧却是隐而不露的。 隐而不露是一种谋略，是为了达到某种目标，故意将自己的内心掩盖起来以麻痹对方，而一旦时机成熟，条件具备，就会露出利牙，刀枪出鞘，置对手于死地。

那些相貌沉稳、面无表情的人，实则是可以托付真情的人；那些通过考验、了解透彻的人，是可以大胆重用的人；那些深藏不露、即使考验也不能了解的人，是不能轻易重用的。 "智用于众人之所不能知，用于众人之所不能见。" 在运用智慧时，不仅要运用在对方所看不见的地方，还要时刻观察事物的规律性，探索事物变化的征兆，分析引起变化的原因，制定隐秘又合理的应变措施，并通过适当的时机，让措施得以实施。 如果条件不够成熟，切莫将计划仓促实施。 此时，可以做一些对方喜欢的或完全为其服务的事，要让对方感觉你是在全心全意为他服务，等到对方对你另眼相待、开始接受你时，再寻找机会将计划实施。

深谙为人处世之道的曾国藩在练兵时，每天午饭后总是邀来幕僚们一起下围棋。一天，忽然有个人来向他告密，说某统领要叛变了，而前来告密者就是这个想要叛乱的统领的部下。

曾国藩闻言大怒，立即命令将那位告密者斩首示众。不久，那位被告密要叛变的统领前来给曾国藩谢恩。没想到曾国藩却脸色一变，又命令左右将统领拿下。

看到这一幕，幕僚们都不知道曾国藩唱的是哪一出戏，纷纷表示不解。曾国藩笑着说道："这就不是你们所能明白的了。"说罢，便命令把已经拿下的那位将领斩首了。然后他才对幕僚们解释说："告密者说的是真话，但如果我不杀他，这位将领一旦得知自己被告发了，势必立刻发动叛变，控制起来就费力多了！我之所以要杀那位告密的人，就是要把他给骗来，让他自投罗网。"众幕僚听了皆自愧弗如，对曾国藩的不露声色、料事如神佩服不已。

日本一位围棋高手，曾以"流水不争先"为座右铭。他在和别人对弈时，常把阵式布置得如同缓缓的流水一样悠闲散漫，让对手掉以轻心，丝毫不加戒备。而一经发动，自己的阵势却能在瞬间聚集起流水波澜中所蕴藏着的无限能量，使对手在惊慌失措中迅速被击溃，乖乖投子认输。

这种"明修栈道，暗度陈仓"的做法，无论是在战场、官场、商场还是为人处世中都屡见不鲜，而且往往能够出奇制胜，收到奇效。

为人处世，学会隐藏自己的意图非常重要。一方面，它可以使你始终保持清醒的头脑，避免自误；另一方面也可以借此迷惑你的对手和敌人，减少干扰，等到他们惊觉时，你早已是一骑绝尘，他们只有望而兴叹的份儿了。

决　篇

决 篇

　　"决"就是决断。本篇主要讨论决断事物的有关问题，旨在告诉我们决断的重要性，以及教我们如何去下决断。鬼谷子认为："决情定疑，万事之机，以正治乱，决成败，难为者。"此话指出了决断的重要意义，决策在社会活动中有着举足轻重的作用。决策是极难做的，而影响又极深远，因而必须谨慎从事。

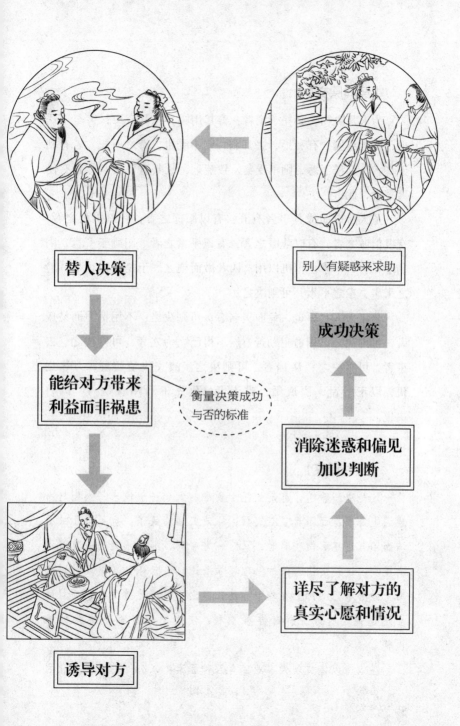

替人决策

别人有疑惑来求助

能给对方带来
利益而非祸患

衡量决策成功
与否的标准

成功决策

消除迷惑和偏见
加以判断

诱导对方

详尽了解对方的
真实心愿和情况

为人凡决物，必托于疑者，善其用福，恶其有患，害至于诱也，终无惑偏。有利焉，去其利，则不受也，奇之所托。若有利于善者，隐托于恶，则不受矣，致疏远。故其有使失利，其有使离害者，此事之失。

圣人所以能成其事者有五：有以阳德之者，有以阴贼之者，有以信诚之者，有以蔽匿之者，有以平素之者。阳励于一言，阴励于二言，平素、枢机以用；四者微而施之。于是度以往事，验之来事，参之平素，可则决之。

公王大人之事也，危而美名者，可则决之；不用费力而易成者，可则决之；用力犯勤苦，然不得已而为之者，可则决之；去患者，可则决之；从福者，可则决之。故夫决情定疑，万事之机，以正治乱，决成败，难为者。故先王乃用蓍龟者，以自决也。

【通俗译文】

凡是决断事情，都是受托于疑难的人。一般说来，人们总希望遇上好事，而不希望有灾祸，即使灾祸临头了，也不至于被引诱而陷入迷惑。做决断时，只对一方有利，那么不利的一方就不会接受。这是运用奇策的基础。如果我们觉出有人（决策时）表面上做善事而实际上在暗中作恶，我们不仅不能接受他，而且还要疏远他。所以，有时办事不利，使之受损害都是决策的失误啊。

圣人所以能成就大事业，有五种因素：以公开的道德教化百姓；以谋略惩治坏人；以信义取信人民；以爱心庇护大众；以廉洁净化社会。实施公开的鼓励法，应坚持守常如一；用谋略管理百姓；要遵循矛盾法则，掌握事物的对立面；还要特别注意平常与关键时刻。如果能小心巧妙地把握上述四个方面，那么推断以往的事情，预测未来的事情，再参照平日的情况，就可以决策了。

王公大臣们，都享有高尚的美名，如果他们可以作出决断，那么不用费力就很容易获得成功，不用气力就能成事的可以作出决断。有些虽然费力辛苦，然而不能不作出决策，那么可以作出决断；如果能排除忧患，就可以作出决断；如果能带来幸运，就可以作出决断。所以说决断事件，解决疑难，是万事的关键。用澄清治乱来预测成败是很难办的事啊！所以先圣是用蓍草、龟甲卜筮做决定的（避免了错误的人为因素）。

【谋略精要】

1.阳励，阴励

由于不同的对象、不同的事情、不同的目的，决断的方法要求大家灵活掌握，鬼谷子列出了圣人成事的五种方法：

一是"阳德"，就是说对有的人应明施德泽，公开肯定他、鼓励他，稳定其内心状态，影响其行为的趋势，以获取对方的好感，密切双方关系，适用于事情能成功、道理很充足的人。

二是"阴贼"，是指暗地里对别人有意设置障碍，让对方的弱点充分暴露，贬其优势，以便牵制对方，适用于隐瞒实情、言辞虚伪的人。

三是"信诚"，是指用诚心诚意、将心交心、忠信诚实来取得对方信任的方法，示人以诚，取人以信，适用于明白事理、品性正直的人。

四是"蔽匿"，是指用仁爱之心，稍作保留、稍隐实情的方法来包容他人，对别人的弱点或差错，加以宽容和遮掩，宽宥人过，调动其积极性，适用于小奸或者小错的人。

五是"平素"，是指对于常人、常事、常理，要用平时常用的规范性的方法来决断，适用于循规蹈矩的老实人。

总而言之，这五种方法实际上也就是两个方面：明施阳德，暗施阴贼。明暗结合阴阳互通，于是方法也会跟着变化多端。高明的人深知其理，善于变通，根据实际情况和目标要求，灵活运用上述办法。

2. 可则决之

鬼谷子从事物的动态发展过程提出了决断的客观依据，注重从前因后果来对事物作出决断。

一要以往事来衡量。善于总结事物规律性的经验，注重事实，注重经验，注重从前因进行分析，作出判断。二是用来事来验证。善于预测事物的发展趋势，注重前瞻，注重超前，注重从后果进行分析，作出决策。三是以现实来参照。善于观察事物的外部和内部条件，注重实际，注重环境，作出符合实际情况的决断。

符言篇

符言篇

　　"符言"是指统治者在位，必须信守约言。 所谓"发言必验，故曰'符言'"。 本篇实际上是进献给君主的，为君主治国平天下指引修养之术。 它分九个方面，即如何保持君位，如何保持明察，如何听取意见，如何实行赏罚，如何询问情况，如何因势管理官吏，如何能周全地了解一切，如何洞察验证一切，如何把握名分。 这是《鬼谷子》书中御民治国的策略。

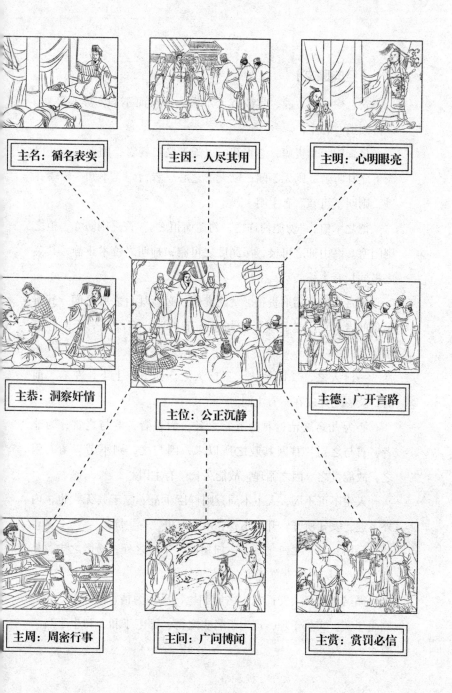

主名：循名表实

主因：人尽其用

主明：心明眼亮

主恭：洞察奸情

主位：公正沉静

主德：广开言路

主周：周密行事

主问：广问博闻

主赏：赏罚必信

【经典原文】

安、徐、正、静，其被节无不肉。善与而不静，虚心平意，以待倾损。有主位。

目贵明，耳贵聪，心贵智。以天下之目视者，则无不见；以天下之耳听者，则无不闻；以天下之心思者，则无不知。辐辏并进，则明不可塞。有主明。

德之术曰："勿望而许之，勿望而拒之。"许之则防守，拒之则闭塞。高山仰之可极，深渊度之可测；神明之位术正静，其莫之极欤！有主德。

用赏贵信，用刑贵正。赏赐贵信，必验耳目之所见闻，其所不见闻者，莫不暗化矣。诚畅于天下神明，而况奸者干君？有主赏。

一曰天之，二曰地之，三曰人之。四方、上下、左右、前后，荧惑之处安在？有主问。

心为九窍之治，君为五官之长。为善者，君与之赏；为非者，君与之罚。君因其政之所以求，因与之，则不劳。圣人用之，故能赏之。因之循理，故能久长。有主因。

人主不可不周，人主不周，则群臣生乱。家于其无常也，内外不通，安知所开？开闭不善，不见原也。有主周。

一曰长目，二曰飞耳，三曰树明。千里之外，隐微之中，是谓"洞"。天下奸，莫不暗变更。有主恭。

循名而为，实安而完；名实相生，反相为情；故曰："名当则生于实，实生于理，理生于名实之德，德生于和，和生于当。"有主名。

【通俗译文】

身居君位的人，如果能做到安详、从容、正派、冷静，既会怀柔又能节制，愿意给予并与世无争，这样就可以心平气和地面对天下纷争。以上主位。

眼睛最重要的就是明亮，耳朵最重要的就是灵敏，心灵最重要的就是智慧，人君如能用全天下的眼睛去观看，就不会有什么看不见的；如果用全天下的耳朵去听，就不会有什么听不到的；如果用全天下的心去思考，就不会有什么不知道的。如将这些集于一身，那么君主就可明察一切，无可闭塞。以上主明。

崇尚德行的方法是：不要远远看见了就随便答应，也不要远远看见了就随便拒绝。假如答应别人，就要守信从而会多一层保护；假如随便拒绝了就会封闭君主的言路。仰望高山是可以望见顶的；测量深渊是可以测到底的；而圣人处事方法，其端正沉稳是无法测其高深的。以上主德。

奖赏时，最重要的是守信用。刑罚时，最重要的是公正。处罚与赏赐的信守和公正，必须让臣民亲身见闻，这样对于那些没有亲眼看到和亲耳听到的人也有潜移默化的作用。君主的诚信如果能畅达天下，那么连神明也会来佑护，又何惧那些奸邪之徒冒犯主君呢？以上主赏。

一叫作天时，二叫作地利，三叫作人和。四面八方，上下、左右、前后不清楚的地方在何处？以上主问。

心是九窍的统治者，灵是五官的首长。做好事的臣民，君主给他们赏赐；做坏事的臣民，君主给他们惩罚。君主根据臣民的政绩来任用，斟酌实际情况给予赏赐，这样就不会劳神。圣人这样做了，才可称赞。故而遵循客观规律，才能长久。以上主因。

作为人主必须广泛了解外界事物，如不能这样，那么就容易发生社会骚乱。国家不能像以往一样运转，内外没有交往，怎么能知道世界的变化！开放与封闭不适当，就无法发现事物的善恶。以上主周。

人君首先要有天下之眼观世界，其次要有天下之耳听人间，第三要有天下之心思万物。如果在千里之外，隐隐约约，渺渺茫茫之中有个"洞"，即使在那"洞"的黑暗中藏了奸邪，也可以"洞察"他们。以上主恭。

按照名分去做事，按着事实来决断。名实相互助长，相反相依。所以说，适当的名称产生于客观事物，而客观事物产生于有关道理，道理产生于决定事物的法则，法则产生于天地之间的智慧，智慧产生于万物之协调。以上主名。

【谋略精要】

1. 主位

人活世间，谁都想拥有至高无上的权力。而对于"权力"的论述，自古以来也是仁者见仁、智者见智。但如果大权在握，如何运用却是个问题。关于这一点，鬼谷子的办法非常好，就是：摆正自己的位置。

统治者若贪得无厌、目光短浅，对民众只是一味地侵夺和剥削，民众就会起而反抗，甚至爆发起义。隋文帝深深懂得这个道理，所以当他建立隋朝后，一面躬行俭朴，一面采取了许多有利于巩固政权的措施，与民休息，给民以惠。文帝的这些做法，使社会风气得到了净化，使民众的负担得到了减轻。新建的隋王朝迅速得到了民众的拥护，很快就稳定了下来。但是，隋炀帝杨广继承皇位后，荒淫奢华，急功近利，残酷猜忌，三征高丽、开凿运河、赋税繁苛，频频激起民怨，百姓怨声载道。隋炀帝为一己享受，以天下民众为其私有，对民众横征暴敛，迫使民众起来反抗他的统治，最终导致了隋朝的灭亡。

虽然权力能给人带来诸多好处，但它最让人神往之处，莫过于它给予人的那份被众人拥捧的感受。人是虚荣的动物，当条件适合时，这种劣根性往往就会暴露无遗。

秦朝农民起义军的领袖陈胜年轻时是个雇工，经常和伙伴一起给别人家锄地。他经常对朋友们说："苟富贵，毋相忘。"陈胜变得富贵后，就开始骄横起来，逐渐丢掉了谦逊的品格。后来一个曾经和陈胜一起给地主种田的同乡听说他做了王，特意从登封阳城老家来陈县找他，敲了半天门也没人搭理。直到陈胜外出，拦路呼喊其小名，才被召见，一起乘车回宫。因他是陈胜的故友，所以进进出出比较随便，有时也不免讲讲陈胜在家乡的一些旧事。不久有人对陈胜说："客愚无知，颛妄言，轻威。"陈胜便十分羞恼，竟然把"妄言"的伙伴杀了。把当年所说的"苟富贵，毋相忘"的话早抛到了九霄云外。自此以后，"诸陈王故人皆自引去，由是无亲王者"。最后陈胜失败被杀。

可见，权力能满足人们的虚荣心，让人感到幸福。但是，权力的保护伞绝不是虚荣，而是谦逊。古语云："江海之所以能成百谷之王者，以其善下。"一个居高位者比平常人更需要谦逊这种美德。居上位者的谦虚若发自内心，一言一行不必作修饰，就自然而然地合乎谦退之道，这是一种很高的境界。

反之，若谦虚是装出来的，而非发自内心的，必定不会坚持长久。有许多人的"美名远扬"不是从正道而来，最后一定会被人们所识破。如历史上著名的伪君子王莽，是个老奸巨猾的人。为了篡夺西汉政权，捞取政治资本，他干了不少笼络人心的事，其中有一件事表现得特别谦恭下士。在他的丑恶面目未暴露之前，确实是"美名远扬"，人人传诵，俨然是一个十足的"正人君子"。当他的真实嘴脸暴露以后，人们便大吃一惊。唐代诗人白居易读了这一段历史，从伪君子王莽一度得到美名，联想到真正的君子周公被流言中伤，一时恶名远扬，便写诗感叹道："周公恐惧流言日，王莽谦恭未篡时。倘若当时身便死，一生真伪有谁知？"

在现代企业中，领导者的人格魅力实际上是领导者的一种吸引力和凝聚力，领导者的人格魅力是通过领导者的美德表现出来的，领导者的人格魅力是非权力影响力，高尚的品格是领导者人格魅力的核心。领导者有比较强的人格魅力，就会赢得组织成员的敬重和信任，从而增强团队的凝聚力和战斗力，同心同德为实现组织目标而努力奋斗。

日本本田技研工业总公司的创始人本田宗一郎每当遇到棘手的事情时，总是自己率先去干。公司里的年轻人非常佩服他的这种身先士卒的垂范作风。

1950 年的一天，为了谈一宗出口的生意，本田和藤泽在一家餐馆里招待外国商人。

客人兴致挺高，喝了许多酒，刚回到宾馆便跑到卫生间呕吐起来。

过了一会儿，服务员满脸沮丧地报告说：

"本田先生，我不小心把客人的金假牙倒进厕所里了，您说怎么办？"

本田一听，二话没说，跑到楼下，掀开粪池石板，脱掉衣服，纵身跳进粪池，用一双筷子打捞起来。那些粪便、便纸在水面浮着、臭气熏天、令人作呕。但本田却像没事人一般，用筷子拨弄粪便纸屑，细心寻找，找了好一阵才把那颗金假牙找到。

本田回到卫生间，冲洗干净身子，穿上衣服，再将假牙冲洗干净，并对假牙消了毒，然后悄悄地放到外商的床边。

"您是怎么找到的？"服务员惊奇地问。

"是本田先生亲自跳下粪池寻回来的。"不待本田回答，藤泽激动地抢着说。

"啊？"服务员的嘴巴张得很大，"本田先生，真是太谢谢您了！您真伟大！您帮了我大忙，我一辈子也不会忘记。"服务员深受感动。

这件事让那位外国商人也很受感动，生意自然获得了圆满的成功。藤泽武夫目睹了这一切，感慨不已，认为自己可以一辈子和本田宗一郎合作下去。

后来，他们并肩战斗几十年，在几十年中，他们把其他人用来内斗的精力都用于各自领域内的"对外战斗"，战胜了技术、经营上的敌手。

老话说：上行则下效。又说："上梁不正下梁歪。"作为领导，只有自我严格要求，并以身作则，作出表率，才具有号召力。

2. 主明

"目贵明，耳贵聪，心贵智。"拥有一双明亮的眼睛，除了要看清东西之外，最重要的是要"透过现象看本质"；拥有一双灵敏的耳朵，除了要听见声音外，最重要的是要听出"弦外之音"；既然要用心来想问题，那就要认真分析事物变化发展的规律以及事物之间的内在联系。假如我们能够集思广益、广开言路，把众人清楚明白的事情加以整理吸收，变成自己的想法，那么，世界上就没有看不透的事物。

三国时期，刘备死后，刘禅继位，蜀国的大小政事便由丞相诸葛亮处理决定，诸葛亮成了蜀国政权的实际主持者。

诸葛亮在人们的心目中有很高的威望，但他并不因此居功自傲，而是经常注意听取部下的意见。杨颙是当时丞相府里负责文书事务的主簿官。他对诸葛亮亲自过问每一件事的做法提出了建议。他说："处理国家军政大事，上下之间分工应该不同。"他还举出历史上一些著名的例子，劝诸葛亮不必亲自处理一切文书，少过问一些琐碎的小事，对下属应该有所分工，自己应主抓军政大事。诸葛亮对于杨颙的劝告和关心很是感激，但他怕有负刘备所托，仍然亲自处理大小事务。

后来杨颙病死，诸葛亮非常难过，哀悼不已。为了鼓励下属踊跃参与政事，诸葛亮特地写了一篇文告，号召文武百官，朝廷内外人士积极主动地发表政见，反复争议。这篇文告就是《教与军师长史参军掾属》。他在文中写道："丞相府里让大家都来参与议论国家大事，是为了集中众人的智慧和意见，广泛地听取各方面有益的建议，从而取得更好的效果。"

然而，在实际生活中，真正能够做到明察秋毫、不被假象所迷惑的人又有多少呢？　企业的管理者难免会有轻信他人的时候，就连要好的朋友之间也会因为他人的嫉妒诋毁而相互远离，这种事情可以说数不胜数。　因此，要避免这种事情的出现，只有擦亮自己的眼睛，透过表面的现象去看事物的真实本质，认真分析事物变化发展的规律以及事物之间的内在联系，唯有如此，才不致造成不必要的损失。

　　对企业管理者来说，一个重大的问题就是如何保证决策的正确性。　在一些企业中，一些决策者喜欢闭门决策，不愿倾听下属和幕僚的意见，以此来显示自己的权威，或者是不相信他人。这样做的一个结果是提高了决策失败的概率，同时也会打击下属的积极性，长此以往，愿意提出建议的下属将会越来越少，言路闭塞，也不利于上下级之间的交流。

　　单就决策来说，企业的发展不能够只靠上层领导人的决策，应该依靠全体员工，特别是要集中全体员工的智慧。　企业重大的问题应该广泛地听取大家的意见，多数人的意见要听，要分析看有没有不合理的成分；少数人的意见也要听，看一下有没有合理的方面，应该认真思考分析，把各种意见分析归纳和整理，最终得出正确的结论来。　毕竟集大家的智慧和力量比较容易实现目标。

　　集众人智慧和意见，取精华弃糟粕，才能使决策取得更好的效果。　集思广益是前人在长期实践中总结出来的制胜法宝，其中蕴含着深刻的道理和原则。

　　首先，集思广益的做法表明：个人的认识总是有限的，再高明的领导也不能单靠自己的智慧，就能制定出一整套干大事业的行动方针，他必须集中众人的智慧，遍采众人之长方可成事。

其次，集思广益还包含着在某一具体问题的处理上也要广开言路，不能只听一面之词，只考虑一种方法，而要围绕这一问题，充分征求意见，提出各种可能的解决方案，然后在可供选择的方案中进行利弊比较，选择最优方案来加以实施。从这个角度说，集思广益还包含着决策民主化、决策科学化的思想。

企业的生存与发展不能只靠领导者的"独断专行"，而是要博采众长，集思广益，善听各方面的意见，多谋善断，才能使团队在竞争日益激烈的"战场"上生存，进而不断发展壮大。

3. 主德

鬼谷子认为，崇尚德行的方法是善于听取他人意见。"不要远远看见了就答应，也不要远远看见了就拒绝。"如果能够善于听取他人的意见，就使自己多了一层保护，如果拒绝别人进言就使自己受到了封闭。高山仰望可看到顶，深渊测量可以测到底，而神明的心境既正派又深沉，是无法测到底的。如果独断专行，对于他人的意见充耳不闻或敷衍了事，不仅不会取得良好的效果，还会导致他人的积极性受挫。

战国时，魏惠王的宰相公叔痤病了，魏惠王去探望他，说："您的病很重，国家该怎么办呢？"公叔痤回答说："我的家臣御庶子公孙鞅很有才能，希望大王您能把国政交给他治理，如果不能任用他，也不要让他离开魏国。"惠王没回答，出来时对左右侍从说："难道不可悲吗？凭公叔痤这样的贤明，今天竟让我一定要把国政交给公孙鞅治理，太荒谬了！"惠王没有采纳公孙痤的意见。

公叔痤死后，公孙鞅离开魏国向西游说秦国，秦孝公听从了他的意见，结果秦国一天天强盛，而魏国一天天地衰弱下去了。

公孙痤有知人之明，而魏惠王固执己见、闭目塞听，魏国也因此由盛转衰。

在《汉书·霍光传》里记载了一则"曲突徙薪"的故事：从前，有一家人建了一栋房子，亲朋好友都称赞房子造得好，主人很高兴。这时，有一位朋友对主人说："您家厨房上的烟囱是直的，灶膛的火很容易落到房顶上，这很有可能会引起火灾。您应该在灶膛与烟囱中间加一段弯曲的通道，这样就好多了。"

听了这话，主人不以为然地笑了笑。朋友又说："您在灶门前堆了这么多柴草，这样也是很危险的，还是搬到别处去吧。"主人心里很不高兴，没有听从朋友的建议。

几天之后，这座房子果然发生了火灾，邻居们齐心协力把火扑灭了。后来，主人摆了酒席答谢众人。这一次，有人提醒主人："您宴请救火的人，怎么能不请那位向您提忠告的朋友呢？"主人连连称是，赶紧亲自去把那位朋友请来了。

俗话说，顺的好吃，横的难咽。一般人都愿意倾听赞扬声，不愿意听批评声；愿意倾听正面意见，不愿意听反面意见；愿意倾听相同意见，不愿意听不同意见，这是人之常情。但是领导干部不能像一般人，按常人、常情、常理决策办事，要善于倾听、虚心倾听、耐心倾听、细心倾听批评声、反面意见和不同意见。这不仅是工作方法问题，也是思想方法问题。毛泽东就曾经说过，有时真理会在少数人手里。有时候，正确意见、真理会在反面意见、不同意见、少数人嘴里。尤其是现在有些人好揣摩领导的心思，迎合领导的意见，专门拣领导爱听的说、喜欢的办，溜须拍马，不愿说真话实情。 有的领导喜欢以己见为中心，不爱听、不善于听批评意见、反面意见、不同意见和少数人意见。 当然，批评意见、反面意见、不同意见和少数人意见未必都正确、被采纳，即使一时不被采纳，但也不能排斥、打击，要尊重、参考、借鉴、保留、备用。 正确意见不是永恒的，是暂时的、相对的，会随着时间的转移、发展而转化，一时未被采纳的不同意见也同样。

4. 主赏

鬼谷子认为，"信"与"正"是赏与罚的关键所在。 假如要行赏，那就要说到做到，不能出尔反尔，否则会被认为是不守信用之人；假如要惩罚，那就一定要以理服人，做到公平、公正，让人心服口服。 对他人行赏时，除了要一言九鼎外，还应加大宣传的力度，让众人知晓并以此作为榜样。 即使没有亲眼看到他人行赏，也能因榜样的事迹起到潜移默化的作用，久而久之，正义的力量也就得到了很好的传播。 当正义的力量在社会上占主导地位时，那些奸诈小人就无处藏身了。

军队中如果不能做到赏罚分明，就会出现纪律不严、士气低落的现象。 因此，古代治军严谨的将领都十分注重赏罚分明，正所谓"军令如山""军中无戏言"。 赏罚也是领导的重要手段，"赏罚不明，百事不成，赏罚若明，四方可行"。

僖负羁是曹国人，曾经救过晋文公的命，所以晋文公在攻下曹国时，为了报答僖负羁的恩情，就向军队下令，不准侵扰僖负羁的住处，如有违反者，一律处以死刑。

大将魏平和颠颉却不服从命令，带领军队将僖负羁的家团团围住，并放火焚屋。魏平爬上屋顶，想把僖负羁拖出杀死。不料，梁木承受不了重量而塌陷，正好把魏平压个正着，动弹不得，幸好颠颉及时赶到，才将他救了出来。

这件事被晋文公知道后，十分气愤，决定依照命令处罚二人。大臣赵衰（赵国君王的先人）替二人求情，说："他们两人都替国君立下过汗马功劳，杀了不免可惜，还是让他们戴罪立功吧！"晋文公说："功是一回事，过又是一回事，赏罚必须分明，才能使军士服从命令。"于是便下令，革去了魏平的官职，又将颠颉处死。

从此以后，晋军上下都知道晋文公赏罚分明，再也没有违反命令的了。

赏罚不明乃兵家大忌，同时也被视为工作中的大忌。在一些企业里，规章制度虽然很好，可是一旦有人真正违反时，却没有任何实质性处罚，总说下不为例，事实上违反制度的事情屡禁不止，以致管理日渐混乱，造成这种后果的根本原因就是没有做到"信"。赏罚不信，做事不公正，有谁会愿意去遵守呢？因此，该赏则赏，该罚则罚。

5. 主问

治理好一个国家最基本的要素为：天时、地利、人和。可是这三个要素的实际情况从何而来？四面八方究竟有没有问题？如果有问题，那么问题又出在哪里？要怎么样才能解决这些问题等，都是需要靠自己亲自去实践、亲自去探索的，否则就无从知晓问题的根源。 统御者只有保持与民众的接触，才能更好地了解民众的真实想法，更好地管理国家和社会。 这正如鬼谷子说的"一曰天之，二曰地之，三曰人之。 四方、上下、左右、前后，荧惑之处安在？ 有主问。"

从古至今，各王朝的建立和颠覆，无不证明了民众在历史潮流中的巨大作用和不容忽视的地位。 唐太宗把民众与统治者比作是水与舟的关系，称"水能载舟，亦能覆舟"。 先贤孟子也曾说过："民为贵，社稷次之，君为轻。"

前总理朱镕基在一次讲话中说："胡锦涛同志讲了'两个务必'，还是要更多地保持与人民群众的紧密联系，倾听他们的呼声，接受他们的投诉，为他们撑腰，帮他们说话，解决他们的困难。 我这五年或者说我过去十年，主持经济工作，一直是想这么做，我也尽了我的最大努力。 如果我们只听下面报喜不报忧，冲昏自己的头脑，听不到人民群众的呼声，绝对搞不好我们的工作，连判断都是错误的。"

不仅是管理国家，管理企业也应该进行充分的调查研究，了解消费者的需求，否则就会在经营中陷入困境。

我们以宝洁公司生产的婴儿纸尿布为例，它的销售市场遍及世界各地，在德国和中国香港市场都一度非常畅销。

但好景不长，不久，德国的销售点向总公司汇报：德国的消费者反映，宝洁公司的尿布太薄了，吸水性能不足。 而中国香港的销售点却向总公司汇报：香港的消费者反映，宝洁公司的尿布太厚了，简直就是浪费。

总公司感到非常奇怪：为什么同样的尿布，会同时出现太薄又太厚两种情况呢？ 这让公司的管理人员有点摸不着头脑。

其实，这是宝洁公司的产品开发人员在设计产品时对产品销售的不同市场没有经过细致的调研和考察所造成的。

在总公司通过详细的调查后发现，同时反映太薄又太厚的原因，是德国和中国香港的母亲使用婴儿尿布的不同习惯所致。虽然中西方婴儿一天的平均尿量大体相同，但德国人凡事讲究制度化，完全按照规矩行事，德国的母亲也是如此，早上起来的时候给孩子换一块尿布，然后就这么一整天都不会去管他，一直到了晚上才会再去换一次，于是，宝洁公司的尿布相对于这样的情况明显就显得太薄了。 可是香港的母亲却是把婴儿的舒适当作头等大事，孩子只要尿布湿了就会换上一块新的尿布，一天不知道要换多少次，所以宝洁公司的尿布在这里就显得太厚了。

显然，宝洁公司的产品开发人员并没有考虑到产品市场中不同地域之间的文化差异，在进军某一市场的时候没有做好相应的准备工作，结果弄得怨声载道，使宝洁公司蒙受了不少的经济损失。

产品开发人员只不过在不同地域使用尿布的习惯上少做了准备，等待他们的就是无情的市场风险。 曾经省下的调研成本，现在却要付出十倍、百倍甚至千倍的代价。

6. 主因

鬼谷子认为，国君是各种官员的首长，能够为国家立下功劳的人，就应得到国君的赏赐，而那些不仅没有立下功劳，反而做错事情的人，就应得到相应的惩罚。 国君根据臣民的政绩来任用，并尽量满足各自的需求，因此，国家上下，同心同德，这样，国君也不用太过操劳。 圣人懂得其中的奥妙，因此非常善于按照其中的规律来满足他人的需求，长此以往，圣人领导的国家便可以长治久安。

在法家的经典文献《韩非子》中，将领导者划分为上、中、下三等。 他认为三流的领导者事必躬亲；二流的领导者借助他人的力量；一流的领导者能够善于运用别人的能力。 原文是："下君尽己之能，中君尽人之初，上君尽人之能。"

所谓的上君、中君、下君是指上等、中等、下等的君王。 而"尽人之能"是指使所有的部下都能够将自己的才能发挥得淋漓尽致。 一个人的力量绝对敌不过众人的力量，一个人的智慧也绝对无法对任何事情都面面俱到，那么与其单靠自己的力量和智慧来治理国家，为什么不善加运用全国的智慧和力量呢？

只靠自己的智慧去处理政事，即使最后成功了，自己也已经精疲力竭，如此得不偿失，也等于没有完全达到自己的目的。 能够从容不迫地治理国家，才是一个理想的君王。 同样的道理，能够从容不迫地使下属发挥所能而又听命于己，这才是一个最上乘的领导。

作为中国历史上最优秀的皇帝之一，唐太宗李世民对这一点就理解得比较深刻，他明白"一人之智岂可断天下之务"的道理，所以在治国中不仅能够做到总揽大纲委任责成，而且还能以人为镜，从谏如流。 这些高超的领导方法，直到现在仍值得我们的领导者借鉴。

唐太宗是一位精力充沛而又雄心勃勃的领导者，即位之初，立志刷新政治，安定天下，巩固大唐帝业，以垂于百世。 因此他早起晚睡，躬亲庶务。 面对国家凋敝的局面，他的主要精力用于如何安养百姓，后来他回忆说："那时有感于隋炀帝穷兵黩武，荒淫误国，百姓不堪忍受沉重的压迫，终于导致国家的败亡，所以日日夜夜都在苦苦探求治国的道理，只想清静无事，让百姓安居乐业。"

他不仅自己勤勤恳恳，也要求大臣们像他一样，勤心政务。即位不久，他曾告诉裴寂说："最近很多人上书议论时政，我把这些奏疏都贴到墙壁上，这样进进出出都可以一眼看见。常常思考治国的道理，有时到深夜才睡觉。你们也应当恪勤职守，能有像我一样的心情。"

魏徵虽然原是李建成的幕僚，但深识治国大体，对唐太宗也深怀知遇之恩，因此唐太宗屡次把魏徵请到自己的寝宫，向他咨询施政的得失。魏徵知无不言，太宗总是欣然接受。

几个月下来，唐太宗感到非常累，不但如此，言谈话语决策行事之间，还不免有些偏颇和失误，幸而大臣们总能直言劝谏，才避免了一些不良后果的产生。唐太宗不免对当皇帝的人如何处理政务产生了深深的困惑。他想到自己早年，作为一个贵公子，不精学业，游马驰骋，习射练武。后来唐朝建立，李建成被立为太子，自己则连年征战，无暇读书，所以一直并未受到将来做帝王的特殊教育。后来虽然坐上了龙榻宝座，但对朝廷行政运作和皇帝决策机制还真的不是那么谙熟于心，处理起事务来也就不那么得心应手。即位之初的任情决断和处置失当就是证明，自己也有机务缠身之感。看来这方面还有探索和求教的必要。

有一件事对他触动很大，这件事是他向萧瑀讲的。他说："我从小就喜欢弓箭，曾收集保存了十几张良弓，自己认为是天下最好的弓了。可是最近拿给造弓的工匠看，他却说'都不是好材料'。我问他这话从何说起，他说：'木心不直，纹理就不正，弓虽然是强弓，可是发出去的箭就有偏斜。'我这才明白过去自己对弓的认识并不精深。我是以弓箭打天下安定四方的，对弓的认识尚且不全面，何况天下繁多的事务，怎么能全部知晓呢？"唐太宗对自己的认识十分客观，他在施政过程和日常生活中时时处处都在总结经验，体会治国的道理，这使他对执政越来越理解深刻，从而在政治上越来越成熟。唐太宗不相信天命，他不认为当天子的就是天才，能够如此客观地评价自己，能够这样坦诚地承认自己的不足，在中国历代皇帝中，还很少有能像唐太宗这样的。既然一个人能力有限，既然做皇帝的也不能独断天下之务，那就必然会总结出求得贤才以相辅助共理天下的结论。

贞观二年（628年），唐太宗告诉房玄龄、杜如晦说："你们二位担任尚书仆射，应当协助我处理朝廷大事，减轻我的忧虑和劳苦，最重要的是扩大见闻，求访贤才。最近听说你们亲自听受词讼，判决案件，每天都过问好几百件官司。这样做就是读公文都来不及，怎么能帮助我求得贤才呢？"于是敕令尚书省，凡具体事务都交付尚书左丞、右丞，只有重大冤案或长期积压的案件，应该报告皇帝处理的，才让仆射过问。这件事说明太宗经过一段时间的实际锻炼，确实感到张玄素曾讲的总揽大纲委任责成的话有道理。无论皇帝还是宰相，都应该从琐碎的细务中摆脱出来，掌握重大政策的调整，任用合适的人选去执行朝廷的政令，而不必也不可能事必躬亲。那样做只能掉入事务的圈子里不能自拔，终日忙碌也找不出头绪。现在他认识到起初自己管的事真是有点太具体了，宏观上的该自己决策的事务反而有些忽略。想到这些，唐太宗不知不觉地感到自己在处理政务上好像站得高了一些，眼光更开阔了一些。

从"高居皇位，总揽大纲，选贤授能，委任责成"的执政原则出发，唐太宗曾对隋文帝提出了不同于常人的看法。贞观四年（630 年），他问萧瑀说："你看隋文帝是一位怎样的皇帝呢？"萧瑀回答说："文帝能克制个人的欲望，按照礼的原则行事，勤于政务，不怕劳苦，一心扑在政事上，每一坐朝，就到很晚的时候才结束，有时直到太阳偏西才罢朝。五品以上的大臣，请来坐论国事，负责警卫的兵士要送饭吃，虽然品性不是仁义明智，也算是一位勤奋刻苦的皇帝了。"太宗说："你只知道他这样做好的一面，却不知道坏的一面。这个人总是看到别人的缺点，自己心智并不聪明。心智不聪明，有的事理就不明白；总是看到别人的缺点，就常常怀疑别人对自己不忠。他欺负静帝母子孤儿寡母而篡夺了北周的天下，总是担心大臣们心里不服气，对朝廷百官都不肯信任，朝廷事务无论大小他都亲自处理，虽然劳神苦形，却不能都做得合情合理。大臣们知道了他的用心，也不敢直言劝谏。从宰相以下，朝臣们只是接受他的命令去执行罢了。我不像他那么想，以天下之大，百姓之多，政事千头万绪，都应该随机应变。这些都委托百官去商议，让宰相筹划，他们有了稳妥便当的意见，才可以上奏，由我批准施行。面对千头万绪的事务，怎能由一个人思虑决断呢？而且每天即便能处理十件事，有五件事处理得好，那当然不错，可是另外五件处理得不好的事呢？日复一日，月复一月，年复一年，年月既久，错事就越积累越多，国家不灭亡还等什么？如能广泛地任用贤人良才，高居皇位，洞察事理，法令严明整肃，谁还干违法乱纪的事呢？"

唐太宗所讲的也正是目前我们有些组织的领导者的失误之处。三国时期诸葛亮在上后主的《自贬疏》中道"街亭违命之阙，箕谷不戒之失，咎皆在臣授任无方"。诸葛亮忠心耿耿辅助阿斗，日理万机，事事躬亲，乃至"自校簿书"。对此其对手司马懿有评价。司马懿一次接见诸葛亮的使者问，诸葛亮身体好吗？休息得怎么样？使者对司马懿说，诸葛亮"夙兴夜寐，罚二十以上，皆亲览焉；所啖食不至数升"。使者走后，司马懿对人说："孔明食少事烦，其能久乎！"果然不久，诸葛亮病逝军中，蜀军退师。诸葛亮为蜀汉"鞠躬尽瘁，死而后已"，但蜀汉仍最先灭亡，仔细分析可知这与诸葛亮不善于授权不无关系。

西汉著名丞相陈平认为："……宰相者，上佐天子，理阴阳，顺四时，下遂万物之宜，外镇抚四夷诸侯；内亲附百姓，使卿大夫各得任其职也。"诸葛亮也为蜀汉丞相，且多才多艺，工作勤勤恳恳，每日起早睡晚，各种事务都要亲自处理，亲自过问，"自校簿书"，"罚二十以上亲览"，以至积劳成疾，过早离开人世。

时代的发展，已经让一个组织的管理不再只是"做事"的方法，而是"让人做事"的艺术，也就是"授权"的艺术。在一个正常运作的组织，领导者应该摆脱"一个人说了算"的旧式观念的影响，应该将20%的时间和精力用于组织的日常管理，而其他的80%则应用在关注组织的整体发展策略和策略层面的管理工作上。

7. 主周

鬼谷子认为，作为君主，除了要广泛了解外界的信息之外，最为重要的是要将各种事情处理得极为周全，并尽量把各种关系处理平衡，这样才不会发生叛乱。 如果不能将问题考虑得细密、周全，凡事马马虎虎，敷衍了事，就会有人从中浑水摸鱼，趁机钻空子，最终导致不良局面的出现。

身在职场，要多和他人交换意见，营造和谐的人际关系，这样才能进一步了解世间的变化。 如果内外信息不通，外面的真实情况就无从得知，事情的真实面目也就无从知晓，也就无法作出正确的决策，更不用说考虑周全了。 因此，不仅是国君，在实际生活中，我们也要养成办事考虑周全的好习惯。

8. 主恭

鬼谷子认为，人君要洞察奸邪，惩治奸佞小人，就需要修炼一双能够看透事物现象的慧眼，就如同火眼金睛一般，这样，小人的奸计就无法得逞；要塑造一双能够听到千里之外声音的耳朵，就如同顺风耳一样，这样，就能知道小人私底下在谋划什么；此外，人君还需要修炼洞察世间万物的本领，能够透过事物的表面现象看透事物的真实本质。

在现实生活中也是如此，要透过事物的层层表象，不要被假象所迷惑，要学会洞悉对方的弦外之音，这样才不会被奸诈小人算计。 然而有些人目光短浅，不善观察，以致不知不觉中就中了小人设计的圈套。

谁都知道，小人最难提防。之所以如此，并不是因为小人从实力上比正人君子强多少，而是由于小人从不在自己脸上刻字，他们的小人勾当，也多是在阴暗角落里干出来的；到了人前，他们也许比君子装得还要像"君子"。这就给我们出了一道大大的难题，究竟什么人才是小人，又该怎样去识别形形色色的小人？

（1）寻找蛛丝马迹。对于辨识小人，古圣先贤有古圣先贤的理论，更有其实践经验，有其可以供操作的方法。这些方法体现社会的复杂和人生的智慧。有道是"魔高一尺，道高一丈"。小人再聪明再狡猾，总有让人可辨之迹。

西汉御史大夫张汤为人狡黠多诈，滥施刑罚，办事专门迎合皇帝的心意：对于皇帝不喜欢的人，就妄加诬蔑，任意诽谤；对于皇帝喜欢的人，就胡乱吹捧，极力美化。他利用任御史大夫的职权，经常随意罗织罪名，弹劾大臣，残害同僚。张汤对他的副手御史中丞李文怀有宿怨。张汤最宠信的小吏鲁谒居，为了替主子铲除政敌，邀功献媚，就悄悄地派人上书皇帝，用罗织来的罪名检举李文。于是，皇帝命令张汤来审理这个案件。张汤借机滥引法律条文，施以酷刑，终于诛杀了宿敌李文。后来皇帝偶尔问起案发原因，张汤假装自己并不知情，故作吃惊地说："可能是李文的仇家干的。"

其实，张汤做贼心虚。退出之后，急忙赶往鲁谒居家密商对策。此时，正赶上鲁谒居卧病在床。当张汤看到鲁谒居的两脚红肿时，就亲自给他按摩双脚。这事正好被赵王刘彭祖看见了，心想，从没听说过一个大衙门的主管长官竟然如此服侍一个小吏，判断其中必有隐情；加上刘彭祖素来不满张汤的残暴，于是，向皇帝告发说："张汤身为国家重臣，竟然给一个卑贱的小吏按摩双脚，我认为其中有不可告人的勾当。"皇帝将此事交给负责司法的大臣调查。 调查期间，鲁谒居正好病死，事情牵连到他的弟弟身上，因而被囚禁了起来。 一天，张汤恰好去监牢里提审犯人，看见了鲁谒居的弟弟。 张汤本打算暗中营救，所以表面上假装不认识。 这样一来，鲁谒居的弟弟误解了张汤的意思，心中既害怕又愤怒。 于是，一不做，二不休，叫他的家人上书皇帝，揭发了张汤与他哥哥鲁谒居共谋陷害李文的经过。皇帝得到举报，命令立案审理。

就在这个时候，有人盗取了汉文帝霸陵的殉葬品。 宰相庄青翟和张汤一同晋见皇帝请罪。 想不到见到皇帝之后，庄青翟请罪，而张汤在一旁不说话。 皇帝下令要张汤审查庄青翟在刘恒墓被盗中应负的责任。 原先，张汤就与庄青翟不和，此刻，张汤正好乘机罗织庄青翟"知情不报"的罪名，企图将庄置于死地。 此时，庄青翟也与宰相府的三位长史（秘书长）秘密商量对策，一边派人逮捕了与张汤关系密切的商人田信等人，一边四处散布消息说："张汤向皇帝奏报的任何事情，田信都事先知道，所以囤积居奇，成了富豪，然后再分给张汤。"消息传到皇帝耳朵里，皇帝问张汤："我做什么事，商人们都先知道事先就动手脚，好像有人把我的话告诉他们了。"张汤明知说的是他，却故作惊讶，回答："能有这回事！"

后来，皇帝看到鲁谒居弟弟的口供，认为张汤心思狡诈，欺君罔上，就派人向张汤严厉诘责问罪。 张汤自知有罪，就写下遗书，向皇帝请罪自杀身亡。 这是见于《资治通鉴》的一幕官场上权力斗争的闹剧。 这里引述意在说明赵王刘彭祖能够见微知著，透过现象看本质，从张汤为小吏"摩脚"一事，洞察其中的阴谋。这确是一种较为高深的知人谋略。

（2）听言观行。这是一种由表及里的知人方法。但若能够从人的欲望、抱负，去进一步观察言行，就更不失为一种窥探他人内心世界的高招。奸诈狡猾之徒，往往善于掩饰他们的本质，给人以假象。但是，欲望这东西，一般是不容易完全隐匿的。所以，知其欲望，是防止受骗上当、识别奸人的极好方式。

要识别小人，首先要承认人的本质是自私的。在此基础上，一看他是否以不正当手段满足自己的私心，二看他是否有人之常情以外的举动。当然，这种识人法只能对人得出表面的印象，能让自己有所警惕。假如你想决定是否重用此人，还需更深入地了解。古代兵家奇书《六韬》中的识人八法，值得借鉴。其法如下：

试加质问，以观察其对事物的了解程度。有些人一知半解，仗着口才好，夸夸其谈，需要深入探究，方能了解其底蕴。

试加追问，以观察其即时反应。这时他无法从容编织谎言，容易露出破绽。

派遣奸细，诱之私通，以观察其忠诚度。

告之秘密，以观察其品德。小人是不能守秘的，即使只是为满足一时虚荣心也会泄密。

使之接触钱财，以观察其诚实度。小人抵挡不住利诱，不由自主地会伸出爪子。

以女色诱之，以观察其自制力。此法主要不是识别君子、小人，而是考验其有无能力承担重任。

交给困难工作，以观察其勇气。 小人面对困难工作，会认为上司在为他设置障碍，因而心怀不平，口有怨言。

醉之以酒，以观察其醉后的态度。

用这八种方法考察一番，小人还是君子，就能够区分得一清二楚了。

9.主名

鬼谷子在《符言篇》中谈到如何把握住名分时指出：一个修养良好、知识渊博且谦虚低调的人，所作所为、言行举止都遵循着相应的道德规范，因此，能够受到众人的好评，带来良好的名声。 名声越好，就越会按照道德规范行事，就越会受到他人的称赞，从而达到名副其实的境地。

好名声取决于外在行为。 只要行善积德、为民造福，便可以带来好名声；只要所作所为名副其实，便可以确保长治久安。 因此，可以说好名声来自好行为，好行为来自为民造福，为民造福来自良好的道德修养，良好的道德修养来自遵循事物的规律，遵循规律又来自适当的分寸。 这就是"名实相符"。

在企业经营中，鬼谷子的"循名而为"谋略思想是有指导意义的。 不管是产品生产、推销，还是广告宣传，企业经营者都要善于"循名而为"，狠抓产品质量，注重广告宣传的真实性，这样才能做到名副其实，使消费者产生信赖。 相反，如果产品质量跟不上，广告宣传不真实，企业就会失去信誉，最终失去市场。

产品的质量是企业形象的最根本的体现，因为最终赢得顾客的还是靠产品的信誉价值。 一个企业的信誉，是企业在商品市场上立足的关键，作为一个经营者，必须循名而为，注重信誉。现在，国内外许多公司、企业都十分重视自己的商品信誉和服务信誉，有的为了保持信誉，名副其实，企业往往不惜重金、下血本。

美国的麦当劳公司是世界上很著名的快餐企业，它就是通过创立并保持商品、服务信誉而确立良好的企业信誉和企业形象的。 从公司初创时起，"品质优异，服务亲切，清洁卫生，货真价实"，就是麦当劳所标榜的口号和奉行的经营准则。 麦当劳所用的食物原料质地优良，汉堡包内全用上好的牛肉，马铃薯条稍微炸焦了一点就会被扔掉。 麦当劳的服务员没有一个是清闲的，顾客少的时候便打扫清理店堂。

如今，麦当劳在世界各地已拥有 30000 多家连锁店，而对其经营准则的坚持则始终未松懈。